Das Rückkehrgespräch

Arbeitshefte Führungspsychologie

Herausgegeben von Prof. Werner Bienert, Ludwigshafen und
Prof. Dr. Ekkehard Crisand, Wilhelmsfeld

Band 31

Das Rückkehrgespräch

Integrationshilfe und Instrument
der betrieblichen Gesundheitsvorsorge

von

Dr. Bernd Bitzer
Ritterhude bei Bremen

Mit 13 Abbildungen und Tabellen
und mit praktischen Übungen
und einer Betriebsvereinbarung „Gesundheitsförderung"

I. H. Sauer-Verlag GmbH
Heidelberg

Die Deutsche Bibliothek – CIP-Einheitsaufnahme

Bitzer, Bernd:
Das Rückkehrgespräch : Integrationshilfe und Instrument der betrieblichen Gesundheitsvorsorge ; mit Tabellen / von Bernd Bitzer. – Heidelberg : Sauer, 1999

(Arbeitshefte Führungspsychologie ; Bd. 31)

ISBN 3-7938-7209-2

ISBN 3-7938-7209-2

Satz: Lichtsatz Michael Glaese GmbH, 69502 Hemsbach

Druck und Verarbeitung: Progressdruck GmbH, 67346 Speyer

Umschlagentwurf: Horst König, 67067 Ludwigshafen

♾ Gedruckt auf säurefreiem, alterungsbeständigem Papier, hergestellt aus chlorfrei gebleichtem Zellstoff (TCF-Norm)

Printed in Germany

Vorwort

Das vorliegende Buch entstand aus der Praxis für die Praxis. Da es fast ausschließlich auf persönlichen Erfahrungen als Trainer und Berater in verschiedenen Bereichen der Wirtschaft basiert, möchte ich mich an dieser Stelle bei allen herzlich bedanken, die mich für dieses Buch mit Informationen versorgt haben und mir freundlich sowie kooperativ zur Steite standen. Meinen Kollegen *Katja Kreutzmann, Bernhard Knappe* und *Dr. Harry Spatz* danke ich sehr für deren konstruktive Anregungen und Verbesserungsvorschläge. Herzlicher Dank geht ebenso an Frau *Inge Wandel*.

Mit dieser Ausgabe liegt Ihnen ein wertvoller Leitfaden bei der Einführung von Rückkehrgesprächen vor, der Ihnen in Kürze den gewünschten Überblick gibt, wie Sie sinnvoll eingesetzt werden können.

Als Autor freue ich mich selbstverständlich über Ihr direktes Feedback, liebe Leserinnen und Leser. Daher enthält die u. a. Fußnote nicht nur Telefon- und Fax-Nummer, sondern auch die neuen Internetmöglichkeiten über e-Mail und Homepage[1].

Ritterhude, im Januar 1999

Bernd Bitzer

---

1 Meine Rufnummern über das Büro in Ritterhude bei Bremen lauten wie folgt: 0 42 92/43 30 (Tel.), 0 42 92/4 02 22 (Fax), inpex@aol.com (e-Mail) und HTTP://members.aol.com/INPEX (Homepage).

Inhaltsverzeichnis

1. Bedeutung, Ursachen und Maßnahmen zum Abbau von Fehlzeiten

Fehlzeiten haben in den letzten Jahren immer mehr an Bedeutung gewonnen. Entschieden sie vor wenigen Jahren noch zum Teil das Schicksal von Abteilungen oder ganzer Betriebe, scheint heute schon das Wohl unserer gesamten Volkswirtschaft davon abzuhängen. Häufig entsteht der Eindruck, die Zahlen erkrankter Arbeitnehmer spiegelten die Unlust zur Arbeit wider. Die daraus abgeleiteten Maßnahmen zum Abbau der hohen Fehlzeiten sehen daher häufig disziplinarische Maßnahmen vor wie z. B. Kürzung von Weihnachts- und Urlaubsgeld etc. Indirekt bedeutet die Zahlung von Prämien bei nicht eingetretener krankheitsbedingter Abwesenheit den Abzug von Geld bei Krankheit und somit Bestrafung bzw. Druckausübung.

Wer sich die Mühe macht und einmal hinter die Kulissen unserer Betriebe schaut, wird schnell erkennen, daß viele Ursachen von Fehlzeiten hausgemacht sind, also direkt in Zusammenhang mit der betrieblichen Situation stehen.

In zahlreichen Seminarveranstaltungen führten wir[2] Befragungen hinsichtlich Ursachen von Fehlzeiten aus Sicht der betroffenen Führungskräfte durch. Beachtenswert ist dabei immer wieder, daß als einer der Hauptverursacher von Fehlzeiten oft das eigene bzw. fremde Führungsverhalten genannt wird, wie z. B. in den folgenden Auswertungen zweier Befragungen in Produktionsbetrieben und einem großen Krankenhaus abzulesen ist.

Wie aus Abbildung 1 ersichtlich, verursacht aus Sicht von 72 Vorgesetzten eines Berliner Produktionsbetriebes mit großem Abstand das eigene Verhalten und das der anderen Vorgesetzten Fehlzeiten vor dem Bereich „Organisation".

Eine gleiche Befragung in einem großen Krankenhaus auf der Ebene der Stationsleitungen ergab nach Zusammenfassung der Ergebnisse die Frage, ob die Fehlzeiten eher aus der jeweiligen Arbeitssituation heraus verursacht werden oder sich aus anderen Faktoren zusammensetzen.

---

2 Da mehrere Personen nach der in diesem Buch beschriebenen Philosophie und Konzeption gemeinsam in einem Beratungsunternehmen arbeiten, benutze ich richtigerweise des öfteren „wir".

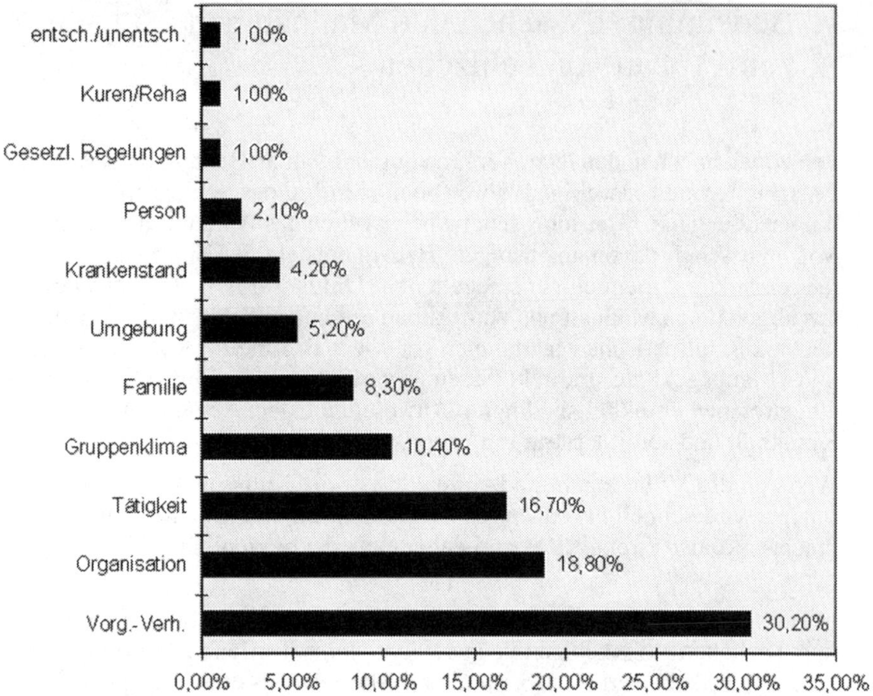

entsch./unentsch.	1,00%
Kuren/Reha	1,00%
Gesetzl. Regelungen	1,00%
Person	2,10%
Krankenstand	4,20%
Umgebung	5,20%
Familie	8,30%
Gruppenklima	10,40%
Tätigkeit	16,70%
Organisation	18,80%
Vorg.-Verh.	30,20%

0,00%   5,00%   10,00%   15,00%   20,00%   25,00%   30,00%   35,00%

Abb. 1: Fehlzeitenursachen aus Sicht von Vorarbeitern und Meistern eines Berliner Produktionsbetriebes. (Quelle: *Meder/Bitzer:* Fehlzeitenreduzierung durch gezieltes Führungskräftetraining, Personal 5/93, S. 212 ff.)

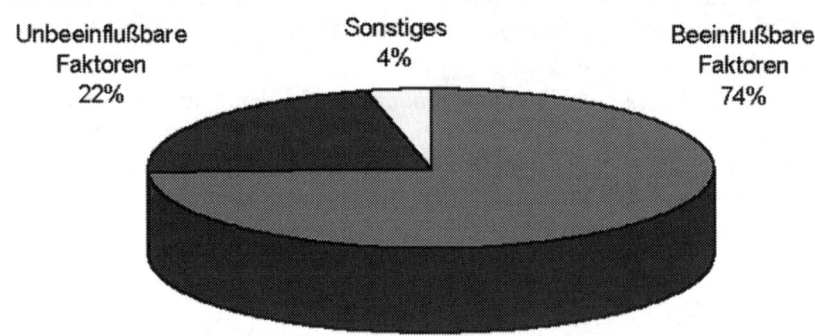

Unbeeinflußbare
Faktoren
22%

Sonstiges
4%

Beeinflußbare
Faktoren
74%

Abb. 2: Fehlzeitenursachen in einem Krankenhaus aus Sicht von 111 Stationsleitungen. (Quelle: INPEX Consult, 1998)

10

Die Abbildung 2 zeigt, daß über 70 Prozent der Fehlzeitenursachen aus der subjektiven Sichtweise der befragten Führungskräfte mit Sicherheit zu beeinflussen sind.

Eine etwas größere Erhebung wurde in einem Produktionsbetrieb durchgeführt, und 327 Führungskräfte aller Hierarchieebenen wurden nach den aus ihrer Sicht wichtigsten Fehlzeitenursachen befragt. In diesem Betrieb stand die Arbeitsumgebung an der Spitze (siehe Tabelle 1).

Tabelle 1: Fehlzeitenursachen aus Sicht von 327 Vorgesetzten eines norddeutschen Produktionsbetriebes. (Quelle: INPEX Consult, 1998)

Fehlzeitenursachen	Anzahl der Nennungen in absoluten Zahlen
Arbeitsumgebung/-bedingungen	64
Private Probleme/ Freizeitverhalten	53
Motivation	37
von betrieblicher Seite nicht beeinflußbare Krankheit	36
Vorgesetztenverhalten	20
Organisation	20
Personalmangel	19
Tätigkeit	16
Gruppenklima/Betriebsklima	14
Arbeitsunfälle	14
Nebentätigkeit	10
Sonstiges	24
Summe der Nennungen	327

Auch dieses Ergebnis wurde nach den Kriterien „Fehlzeiten *nicht* betrieblicherseits verursacht" und „Fehlzeiten betrieblicherseits verursacht" ausge-
wertet. Das Ergebnis spiegelt Abbildung 3 wider. Demnach werden in diesem Betrieb aus subjektiver Sicht der befragten betrieblichen Vorgesetzten
die Fehlzeitenursachen bis zu über 60 Prozent durch die betriebliche Arbeitssituation verursacht. Auch hier ein Indiz dafür, daß ein stärkeres Gewicht auf
den betrieblichen Arbeits- und Gesundheitsschutz gelegt werden sollte.

Diese Ergebnisse dürfen auf keinen Fall verallgemeinert werden. In dem Bereich mit den höchsten Fehlzeiten in der Bundesrepublik, dem öffentlichen
Dienst, führten wir 1998 die gleiche Befragung bei 191 Führungskräften der
unterschiedlichsten Ämter durch. Das Ergebnis hier lautet, daß insgesamt
72 Prozent der Fehlzeitenursachen in der Arbeitssituation zu suchen sind
und davon 50 Prozent wieder im Bereich Motivation/Identifikation. Aus diesen Erkenntnissen heraus führen wir zahlreiche Projekte durch, die durch
konkrete Einflußnahme auf die jeweilige betriebliche Arbeitssituation nach
einer firmenspezifischen Bestandsaufnahme zu deutlich geringeren Fehlzeiten führen[3].

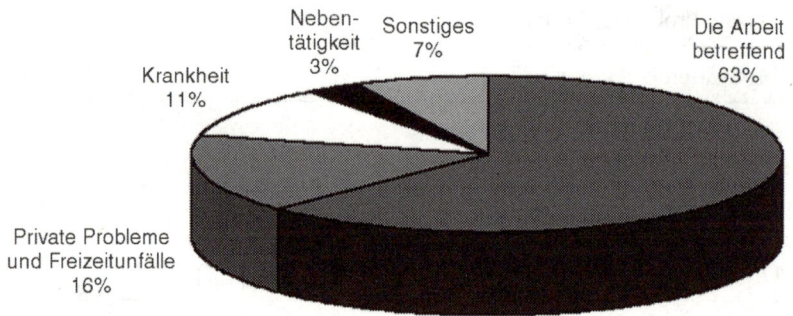

Abb. 3: Fehlzeitenursachen aus Sicht von 327 Vorgesetzten eines norddeutschen Produktionsbetriebes/andere Auswertung. (Quelle: INPEX Consult GmbH, 1998)

Eine entscheidende Rolle innerhalb der betrieblichen Arbeitssituation spielt
grundsätzlich das Führungsverhalten. Auch in eigenen Untersuchungen ist
der deutliche Zusammenhang zwischen Führungsverhalten und Fehlzeiten
immer wieder erkenn- und nachvollziehbar. Führungskräfte, die autoritär
führen, produzieren dadurch in der Regel hohe Fehlzeiten.

---

3 Vgl. hierzu u. a. auch *Bürger, K. R.* und *Bitzer, B.*: „Fehlzeitenreduzierung durch intelligente
Menschenführung", in Personal 8/97, S. 426 ff.

Hier kann durch eine entsprechende Maßnahme wie das Rückkehrgespräch, auf das sich dieses Buch als fehlzeitenbeeinflussende Maßnahme konzentriert, eine positive Verbesserung im Führungsverhalten einschließlich einem spürbaren Abbau von Fehlzeiten eingeleitet werden, wenn es behutsam und über gute Schulungsmaßnahmen eingeführt wird.

Aus der Erfahrung der Berater- und Trainerjahre kann ich sagen, daß Rückkehrgespräche immer dann negativ bei Belegschaften und Vorgesetzten ankamen, wenn die Vorgesetzten per Anweisung zu diesen Gesprächen verdonnert und ohne Trainings auf ihre Mitarbeiter losgelassen wurden. Dies führte auf beiden Seiten stets zu Frustrationen und Mißerfolgen, die sich m. E. nur durch qualitativ gute und der Sensibilität dieser Thematik entsprechend angepaßten Trainings vermeiden lassen. Daß es gerade im Bereich der Trainings- und Seminaranbieter erhebliche Unterschiede qualitativer Art geben muß, verdeutlichen außerdem auch sehr kritische Schriften gewerkschaftlicherseits, denen bis dato anscheinend nur Beispiele mit z. T. sehr repressiven Gesprächsinhalten bekannt waren[4]. Wo u. a. die Unterschiede zu den Konzepten liegen, die in den beiden in der Fußnote aufgeführten Quellen genannt werden, beantwortet bereits das nächste Kapitel.

Zuvor möchte ich jedoch noch einige Thesen zum Rückkehrgespräch aufstellen, die mit diesem Buch verifiziert werden sollen:

- Das Rückkehrgespräch ist ohne Zweifel ein geeignetes Instrument zum Abbau von Fehlzeiten, sofern die Vorgesetzten durch spezielle Schulungsmaßnahmen trainiert und darauf vorbereitet worden sind.
- Aus den Rückkehrgesprächen mit ihren Mitarbeitern erhalten die Vorgesetzten in aller Regel genügend Informationen, um einen Abbau krankheits- und motivationsbedingter Fehlzeiten einzuleiten.
- Durch das Gespräch verdeutlichen die Vorgesetzten, daß sie sich um ihre Mitarbeiter kümmern und deren Probleme ernst nehmen.
- Schulungsmaßnahmen zum Rückkehrgespräch sind betriebswirtschaftlich sinnvoll.
- Sie tragen zu einer allgemein verbesserten Kommunikation zwischen Mitarbeitern und Vorgesetzten bei.

---

4 Vgl. z. B.: *Wompel, Mag*: Krankenverfolgung, Offenbach 1996 oder *Zinke, Eva* und *Rehwald, Rainer:* Das Krankenrückkehrgespräch, Frankfurt a. M. 1996.

2. Definition, Merkmale und Ziele des Rückkehrgespräches

Das Rückkehrgespräch ist eine originäre Führungsaufgabe und sollte eine Selbstverständlichkeit sein. Es wird nach jeglicher Abwesenheit, egal ob nach einem Tag oder nach 3 Wochen, vom jeweiligen direkten Vorgesetzten unmittelbar nach einer Rückkehr mit jeder Person geführt, die aus einer Abwesenheit zurückkehrt. Die Definition des Rückkehrgespräches enthält demnach vier wesentliche Merkmale, die in der folgenden Übersicht zusammengefaßt sind.

Merkmale des Rückkehrgespräches

1. Der *direkte* Vorgesetzte führt das Gespräch.
2. Es sollte möglichst *unmittelbar* nach einer Rückkehr stattfinden (zeitnah) und
3. mit *jeder Person* geführt werden,
4. die aus einer *Abwesenheit* zurückkehrt.

Als Begründungen für diese wesentlichen Merkmale sind zu nennen:

Merkmal 1: „die oder der direkte Vorgesetzte[5]"

Der direkte Vorgesetzte ist diejenige Person, die letztendlich das insbesondere für schwierige Gespräche mit motivationsbedingt Abwesenden notwendige Fingerspitzengefühl aufbringen kann, um im Gespräch die wirklichen Ursachen für Fehlzeiten zu erfahren. Führt z. B. ein Personalleiter dieses Gespräch mit einem aus einer Krankheit zurückkehrenden (gewerblichen) Mitarbeiter, führt er 1. kein Rückkehr-, sondern ein Krankengespräch, das im Gegensatz zum Rückkehrgespräch auch noch mitbestimmungspflichtig[6] ist, und 2. wird sich durch die betrieblicherseits bedingte Distanz zwischen diesen beiden Gesprächspartnern mit Sicherheit kein offenes Gesprächsklima derart einstellen, wie es für ein Rückkehrgespräch wünschenswert und notwendig ist. Das häufig schlechte Image der Personalabteilung bei der Belegschaft sei hierbei nur am Rande erwähnt.

---

5 Auch wenn ich nicht immer so deutlich wie hier in meinen Sätzen die Geschlechter aufführe, sind immer sowohl weibliche als auch männliche Mitarbeiter und/oder Führungskräfte gemeint.
6 Vgl. u. a. Süddeutsche Zeitung vom 11. 12. 1994.

Im Überblick hier die wichtigsten Argumente „pro" direkter Vorgesetzter:

1. Der direkte Vorgesetzte kennt den Mitarbeiter am besten und umgekehrt.
2. Beide bauen ein Vertrauensverhältnis auf.
3. Durch Rückkehrgespräche stärkt der direkte Vorgesetzte seine Position bei seinen Mitarbeitern und baut eine abteilungsspezifische Kultur auf.

Merkmal 2: „mit jeder Person"

Von einigen Führungskräften wird das Rückkehrgespräch nur für häufig abwesende Mitarbeiter gefordert. Dies führt dann unweigerlich dazu, daß das Image des Rückkehrgespräches auf die Ebene eines Disziplinierungsgespräches sinkt. Mitarbeiter mit nicht-auffälligen Fehlzeiten – und das ist immer noch der weitaus überwiegende Teil – fühlen sich benachteiligt, und es entstehen Meinungen wie: „Da sieht man es mal wieder. Für diejenigen, die ab und zu blau machen, nimmt man sich Zeit. Und wir, die immer die Leistung bringen, spielen keine Rolle! Wenn man also mal mit seinem Chef ein längeres Gespräch führen will, muß man schon unangenehm auffallen oder krank gewesen sein."

Daß diese Meinung in etwa wirklich existiert und das Rückkehrgespräch bei Mitarbeitern mit normalen krankheitsbedingten Ausfallzeiten ein positives Image besitzt, bei Mitarbeitern mit auffälligen Fehlzeiten ein eher unangenehmes Gefühl verursacht, wird einige Seiten weiter anhand der Ergebnisse einer kleinen empirischen Untersuchung zum Rückkehrgespräch nachgewiesen.

Merkmal 3: „unmittelbar und zeitnah"

Da das Rückkehrgespräch, wie wir später noch einmal verdeutlichen, u. a. das Ziel verfolgt, die Abwesenheit des Mitarbeiters wahr- und ernstzunehmen, muß das Gespräch am Tag der Arbeitsaufnahme erfolgen – und nicht z. B. erst eine Woche später! Ausnahmen können sein·

1. Im Schichtbetrieb ist der direkte Vorgesetzte u. U. nicht anwesend, wenn ein Mitarbeiter aus einer Abwesenheit zurückkehrt. Hier kann z. B. ein Kollege wichtige Informationen weitergeben. Das Gespräch findet dann später statt.
2. Stellen Sie sich vor, Sie müssen ein Gespräch mit einem äußerst schwierigen Mitarbeiter führen, der Ihrer Ansicht nach mit allen Wassern gewaschen ist, und Sie fühlen sich am Tag seiner Arbeitswiederaufnahme nicht gerade in der besten Verfassung: Warten Sie einen Tag, und Ihre Chance, das von Ihnen gesteckte Gesprächsziel zu erreichen, steigt!

Merkmal 4: „Abwesenheit"

Das Rückkehrgespräch bezieht sich auf jegliche Abwesenheit – und nicht nur auf krankheitsbedingte! Deshalb werden Rückkehrgespräche z. B. auch mit Mitarbeitern geführt, die aus einem Urlaub zurückkehren oder zwei Wochen für den Betrieb einen Montageauftrag erledigten. Rückkehr und Abwesenheit sind insofern neutrale Begriffe, da sie zunächst keinen Hinweis auf Krankheit geben. Von daher ist auch das Rückkehrgespräch nach unserer Definition nicht mitbestimmungspflichtig. Welcher Betriebsrat könnte schon etwas dagegen haben, daß ein Vorgesetzter seinen Mitarbeiter nach einem Urlaub begrüßt und ihm die Arbeitswiederaufnahme durch einige Informationen erleichtert?! Auch eine eintägige Abwesenheit, z. B. aus privatem Anlaß für Behördengänge etc., fällt unter „Rückkehrgespräch", muß aber nicht unter vier Augen in einem Büro stattfinden, sondern kann körpersprachlich erfolgen, z. B. durch den nach oben gerichteten Daumen, wodurch signalisiert wird: „Ich habe deine Abwesenheit gestern und deine Rückkehr heute wahrgenommen und freue mich, daß du wieder da bist." Das reicht in diesem Fall schon und gilt als Rückkehrgespräch.

Für jedes wichtige Gespräch sind vorbereitend immer folgende Fragen zu beantworten:

1. Welches Ziel will ich (hier: mit dem Rückkehrgespräch) erreichen?
2. Wie erreiche ich mein Ziel?
3. Wie eröffne ich das Gespräch?

Die Antworten zu den Fragen 2 und 3 behandeln wir in späteren Kapiteln, vorher seien aber schon einmal die grundsätzlichen Ziele von Rückkehrgesprächen angedeutet.

Rein sachlich und auch um eine positive Gesprächseröffnung zu erreichen, sollte der Vorgesetzte den Mitarbeiter im Rückkehrgespräch darüber informieren, was sich betrieblicherseits offiziell und inoffiziell während der Abwesenheit des Mitarbeiters ereignet hat. Bei krankheitsbedingter Abwesenheit sollte er versuchen, die Ursachen für die Fehlzeiten in Erfahrung zu bringen, sofern sie betrieblicherseits verursacht und durch geeignete Maßnahmen abgebaut werden können **(betriebliche Gesundheitsvorsorge!)**.

Ein weiteres herausragendes Ziel ist es, dem aus einer Abwesenheit zurückkehrenden Mitarbeiter durch das Rückkehrgespräch zu verdeutlichen, daß seine Abwesenheit wahrgenommen und er als Mensch vermißt wurde. Durch diese Art Rückkehrgespräch wird u. a. erreicht, daß sich die gerade in Großbetrieben zu beobachtende Anonymität abbaut. Hierzu ein (trauriges) Beispiel aus der Praxis:

16

Im Vorfeld von Seminarveranstaltungen in einem Dienstleistungsbetrieb wurden wir von einem Vorgesetzten über das Betriebsgelände geführt. An einer bestimmten Stelle des Geländes erzählte er uns, daß ihm hier vor ein paar Tagen einer seiner Mitarbeiter entgegenkam. Ihm fiel auf, daß er äußerst blaß aussah, und er machte ihm gegenüber eine ironische Bemerkung, die ihn aus seiner Sicht eigentlich hätte aufmuntern sollen. Statt dessen wurde sein Mitarbeiter wohl noch blasser und ging wortlos weiter. Als unser Vorgesetzter dann sein Büro erreichte, erfuhr er von seinem Kollegen, daß dieser Mitarbeiter (der ihm direkt unterstellt ist) insgesamt 3 Monate abwesend war, weil er einen Selbstmordversuch hinter sich hatte.

Sicherlich ein ebenso trauriger wie auch krasser Fall, der aber die große Anonymität verdeutlicht, in der wir zum Teil in Großbetrieben leben. **Das Rückkehrgespräch ist ein überaus wichtiges Instrument, um die betriebliche Anonymität abzubauen.**

In der nachfolgenden Übersicht finden Sie die 3 wichtigsten Ziele des Rückkehrgespräches in komprimierter Form:

Ziel des Rückkehrgespräches ist es,

- dem aus einer Abwesenheit zurückkehrenden Mitarbeiter/innen die Arbeitsaufnahme zu erleichtern, indem man sie über sich während der Abwesenheit ereignete Vorkommnisse offizieller und nicht-offizieller Art informiert;
- bei krankheitsbedingter Abwesenheit zu erfahren, ob die Abwesenheit möglicherweise ursächlich mit der Arbeitssituation des Absentisten in Verbindung steht, damit diese Ursachen abgebaut werden können, wobei die Arbeitssituation die Bereiche Umgebung des Arbeitsplatzes (Lärm, Staub, Zugluft etc.), die Organisation im weitesten Sinne, die Tätigkeit (monoton/abwechslungsreich etc.), das Vorgesetztenverhalten und das Gruppenklima umfaßt;
- im Rückkehrgespräch zu verdeutlichen, daß die Abwesenheit im positiven Sinne von der vorgesetzten Stelle wahrgenommen wurde, d. h. der Mensch vermißt wurde, und nicht (nur) die mit ihm oder ihr verbundene Arbeitskraft. Der/die Mitarbeiter/in erfährt dadurch konkret, daß sich der oder die Vorgesetzte um ihn/sie kümmert.

Die Gesprächsqualität und das Gesprächsverhalten des Vorgesetzten sind von großer Bedeutung. Dadurch entscheidet sich, ob das Rückkehrgespräch vom Mitarbeiter positiv erlebt wird oder nicht. Das in fast allen Bereichen der Wirtschaft dominierende direktive Gesprächsverhalten[7] führt dazu, daß Mitarbeiter bei zu forschem Auftreten schnell abblocken und sich verschließen. Für ein erfolgreiches Rückkehrgespräch ist es aber zwingend erforderlich, daß sich Mitarbeiter öffnen und von ihren Problemen berichten. Daher muß ich als Vorgesetzter in diesem Gespräch *mehr zuhören* und weniger reden. Wir werden später in Kapitel 5 noch darauf eingehen.

Zusammenfassend und wieder sehr komprimiert gibt die folgende Abbildung 4 wichtige Erkenntnisse über Sinn und Zweck des Rückkehrgespräches wieder.

Abb. 4: Das Rückkehrgespräch im Überblick

Aus dieser Abbildung wird noch einmal deutlich, daß das Rückkehrgespräch in erster Linie einen integrativen Anspruch besitzt und zusätzlich im Falle von krankheitsbedingter Abwesenheit von übergeordneter Bedeutung für die Gesundheitsprävention ist (wenn wir verallgemeinern könnten, daß der Anteil betrieblicherseits bedingter Fehlzeitenursachen bei ca. 60 Prozent liegt). Der Aspekt der „Suche nach möglichen Blaumachern" spielt nur eine untergeordnete Rolle.

Führen Vorgesetzte Rückkehrgespräche, tragen sie nicht nur zu einer deutlichen Senkung der Fehlzeiten bei, sondern kommen obendrein auch bei der

---

7 Seit 1995 vergleichen wir die Daten aus einem in unseren Seminaren eingesetzten Gesprächsstiltest und stellen dabei fest, daß die einzige deutliche Ausnahme hier der Bereich der Pflege darstellt. Stationsleitungen sind häufig äußerst einfühlsam und nicht-direktiv in ihrem Gesprächsverhalten, manchmal zu nicht-direktiv.

Mehrzahl ihrer Mitarbeiter positiv an, wie es z. B. ein Diplomand einer süddeutschen Universität in einer Untersuchung ermittelt hat:

Der Diplomand[8] führte im Zuge seiner Untersuchungen eine Reihe von standardisierten Interviews in einem Produktionsbetrieb durch, der bereits seit mehreren Jahren Erfahrungen mit Rückkehrgesprächen sammeln konnte und zum Zeitpunkt der Untersuchung bereits drei unterschiedliche Schulungsanbieter getestet hatte. Aus dieser Arbeit entstanden einige sehr interessante Ergebnisse, die die Wirksamkeit von Rückkehrgesprächen unterstützen. Der Diplomand interviewte insgesamt 36 Mitarbeiter/innen zum Sinn und Zweck von Rückkehrgesprächen, wobei er jeweils nach den Gesprächen Informationen über das Fehlzeitenverhalten der von ihm interviewten Personen erhielt. Er teilte daraufhin seine Untersuchungsteilnehmer in zwei Gruppen: „wenig krank" (unter 2 Wochen krank pro Jahr) sowie „oft krank" (über 2 Wochen krank pro Jahr) ein. Folgende Ergebnisse erzielte er dabei:

- 39 Prozent der MitarbeiterInnen mit geringen Fehlzeiten und 36 Prozent mit häufigeren Fehlzeiten erleben das Rückkehrgespräch als positiv.
- Nur 5,5 Prozent der MitarbeiterInnen mit geringen Fehlzeiten, dafür aber 20 Prozent mit häufigeren Fehlzeiten erleben das Gespräch eher als negativ.
- 36 Prozent der MitarbeiterInnen mit geringen Fehlzeiten empfinden es als negativ, wenn KollegInnen des Teams oder ihrer Schicht häufig krank sind, während nur 5,5 Prozent der MitarbeiterInnen mit häufigen Fehlzeiten ähnlich empfinden.
- Fast 42 Prozent der MitarbeiterInnen mit geringen Fehlzeiten sind der Meinung, daß das Rückkehrgespräch einen Einfluß auf die Entscheidung hat, ob man zum Arzt oder zur Arbeit geht, ca. 14 Prozent dieser Gruppe glauben, daß es hier keinen Zusammenhang gibt. Von der Gruppe der Personen mit häufigeren Fehlzeiten glauben nur 22 Prozent an einen Einfluß, ca. 14 Prozent sind anderer Meinung.
- Insgesamt sind 36 Prozent der beiden befragten Gruppen der Meinung, daß es Leute gibt, die aufgrund des Rückkehrgespräches weniger krank sind. Fast 56 Prozent glauben nicht an diesen Zusammenhang.
- Ob durch Rückkehrgespräche jetzt andererseits mehr Leute krank sind, glauben nur ca. 7 Prozent der befragten MitarbeiterInnen, während ca. 84 Prozent der Meinung sind, daß aufgrund des Rückkehrgespräches niemand zusätzlich krank wird.

---

8 *Stiglmaier, M.:* Motivation und Fehlzeiten – Eine empirische Untersuchung zum Rückkehrgespräch, Diplomarbeit, München 1995.

- Für eine Beibehaltung der Rückkehrgespräche sprachen sich 42 Prozent der MitarbeiterInnen mit geringen Fehlzeiten aus und nur 8 Prozent derjenigen MitarbeiterInnen mit häufigen Fehlzeiten. Für eine Abschaffung votierten ca. 17 Prozent der MitarbeiterInnen mit geringen Fehlzeiten im Gegensatz zu 33 Prozent der MitarbeiterInnen mit eher häufigeren Fehlzeiten.

Als besonders signifikant erwiesen sich in dieser Untersuchung folgende Hypothesen:

- Personen mit geringen Fehlzeiten beurteilen Fehlzeiten kritischer als Personen mit häufigeren Fehlzeiten.
- Personen mit geringen Fehlzeiten erleben Rückkehrgespräche positiver als Personen mit häufigeren Fehlzeiten.
- Personen mit geringen Fehlzeiten raten ihren Unternehmen öfter die Beibehaltung von Rückkehrgesprächen als Personen mit häufigeren Fehlzeiten.

3. Unterscheidung von Rückkehrgesprächen zu Fehlzeiten- oder Krankengesprächen mit Hilfe eines Stufenplans

Häufig werden Rückkehrgespräche mit Fehlzeiten- oder Krankengesprächen verwechselt. Wir versuchen, diese Verwechslungen durch die Entwicklung eines Stufenplans für Rückkehr- und Fehlzeitengespräche in den Seminaren abzubauen. Die Seminarteilnehmer haben dabei die Aufgabe, mehrere Stufen von Gesprächen nach einer krankheitsbedingten Abwesenheit, die sich immer auf ein und denselben Rückkehrer beziehen, gedanklich durchzuspielen und die Ergebnisse festzuhalten.

Durch diesen Stufenplan wird u. a. deutlich, daß auch beim Rückkehrgespräch ein *situationsgerechtes Verhalten* notwendig ist, wie z. B. in der Vorbereitung, der „Sprache", dem Gesprächsort etc.

- Die *„Sprache"* ist situationsgerecht einzusetzen. Mit einer Person, die nach einem eintägigen Kurzurlaub zurückkehrt, muß nicht in einem neutralen Raum *(Gesprächsort)* ein Vier-Augen-Gespräch geführt werden. Es reicht schon der nach oben zeigende Daumen, um durch *Körpersprache* zu signalisieren, daß die Rückkehr wahrgenommen wurde.
- Auf ein Rückkehrgespräch mit einer Person, die aus einer Kur oder einer für diese Person seltenen Kurzerkrankung zurückkehrt, muß ich mich als Führungskraft z. B. anders vorbereiten als auf ein Gespräch mit einer möglicherweise schwierigen Person, die zum wiederholten Male aus einer krankheitsbedingten Kurzzeitabwesenheit zurückkehrt. Hier ist es ratsam, sich die Ausfallzeiten aus der Personalabteilung zu beschaffen.

Aus der Fehlzeitenstatistik lassen sich in der Regel sehr viele Informationen ableiten. *Hinze*[9] nennt einige statistische Auffälligkeiten, die z. B. auf motivationsbedingte Abwesenheit hindeuten und die ein schwierigeres Rückkehrgespräch erahnen lassen. Der nicht-direktive Gesprächsstil, auf den in Kapitel 5 eingegangen wird, ist hierbei von besonderer Wichtigkeit.

---

9 *Hinze, Dirk:* Determinanten der Arbeitsverweigerung, Spardorf 1982.

Wie erkennt man motivationsbedingte Abwesenheit?

- Je kürzer die Abwesenheitsdauer, desto wahrscheinlicher handelt es sich um motivationsbedingte Abwesenheit.
- Die Wahrscheinlichkeit für motivationsbedingte Abwesenheit steigt mit der Fallzahl „krankheitsbedingter" und unentschuldigter Fehlzeiten.
- Treten über einen längeren Zeitraum zahlreiche Kurzzeiterkrankungen auf, so ist die Wahrscheinlichkeit motivationsbedingter Abwesenheit besonders hoch.
- Weitere Indikatoren können Krankmeldungen innerhalb des Karenzzeitraumes sowie vermehrte Abwesenheiten an Montagen und Freitagen sein.

(Quelle: In Anlehnung an *Hinze, Dirk:* Determinanten der Arbeitsverweigerung, Spardorf 1982)

Sind bei Mitarbeitern einige der in der obigen Übersicht aufgeführten Kriterien erkennbar, besteht die Möglichkeit der motivationsbedingten Abwesenheit. Sind die Ursachen für diese fehlende Motivation nicht betrieblicherseits verursacht und über einen längeren Zeitraum keine Veränderungen sichtbar, wird es im Interesse der betroffenen Kollegen, Vorgesetzten und des Unternehmens nicht zu vermeiden sein, arbeitsrechtliche Schritte einzuleiten, die ebenfalls in einem Stufenplan berücksichtigt werden sollten.

Exemplarisch soll der Stufenplan eines Krankenhausbetriebes betrachtet werden. Die TeilnehmerInnen der Seminare in diesem Unternehmen einigten sich auf eine vierstufige Unterteilung, wobei das Rückkehrgespräch bewußt nicht als Stufe klassifiziert werden sollte, da es als Selbstverständlichkeit in die Unternehmenskultur eingehen soll. Daher dürfte dieser Stufenplan nur die drei Stufen des Fehlzeitengespräches aufweisen (Tabelle 2).

Für die erste Stufe der Fehlzeitengespräche wurden bestimmte Kriterien fixiert. Diese Stufe tritt aber nur dann in Kraft, wenn sie nicht ausdrücklich vom betreffenden direkten Vorgesetzten abgelehnt wird. Ist z. B. einer der Mitarbeiter, der die genannten Kriterien erfüllt, durch einen Knochenbruch beim Sport ausgefallen, dann ist ein Vier-Personen-Gespräch sicherlich in der Regel überflüssig.

Wenn durch ein Fehlzeitengespräch der ersten Stufe keine Verbesserung in den Fehlzeitendaten erreicht worden ist, tritt nach weiteren zu erfüllenden

Tabelle 2: Stufenplan für Rückkehr- und Fehlzeitengespräche

Was	Wer	Mit wem	Wann	Wo	Wozu
Rückkehrgespräch (Rückkehrgespräche sind Basis für mögliche nachfolgende Fehlzeitengespräche!)	unmittelbare/r Vorgesetzte/r	Mitarbeiter/in	unmittelbar im Anschluß an jede Abwesenheit wie z. B. Krankheit, Kur, Urlaub etc.	Büro, am Arbeitsplatz, vor Ort	Integration in den Kollegenkreis, Schaffen einer primär motivierenden Atmosphäre, bei krankheitsbedingter Abwesenheit Vermeidung von weiteren Krankheitsintervallen
Was	**Wer**	**Mit wem**	**Wann**	**Wo**	**Wozu**
Fehlzeitengespräch 1. Stufe	Stationsleitung, KPL, Personalrat (Gesprächsführung durch Stat.-Ltg.)	Mitarbeiter/in	mind. 3 Fehlzeitenfälle oder mind. 12 Arbeitstage in 6 Monaten und nur ausdrücklich auf Initiative der Stationsleitung oder der/des Mitarbeiterin	neutraler Raum (nicht im KPL-Büro)	Analyse der AU-Ursachen, gem. Suche nach Lösungen, Hilfe und Unterstützung, Zielvereinbarungen, Dokumentation
Fehlzeitengespräch 2. Stufe	Stationsleitung, KPL, Personalrat (Gesprächsführung durch Stat.-Ltg.)	Mitarbeiter/in	weitere 2 Fehlzeitenfälle oder mind. 7 Arbeitstage in 3 Monaten und nur ausdrücklich auf Initiative der Stationsleitung oder der/des Mitarbeiterin	neutraler Raum (nicht im KPL-Büro)	Analyse des Problemfalls, Zielvereinbarungen kontrollieren, Korrekturmaßnahmen vereinbaren, Verdeutlichung möglicher Konsequenzen, Dokumentation
Fehlzeitengespräch 3. Stufe	Stationsleitung, KPL, Personalrat, Pflegedirektion (Gesprächsführung durch Pflegedirektion)	Mitarbeiter/in	weitere 2 Fehlzeitenfälle oder mind. 7 Arbeitstage in 3 Monaten	Büro der Pflegedirektion	Vorbereitung arbeitsrechtlicher Konsequenzen (z. B. Versetzung, Ermahnung, Abmahnung), Dokumentation

* Es sei denn, es ist aus dem Rückkehrgespräch hervorgegangen, daß es sich um einen längerfristigen Genesungsprozeß handelt. KPL = Klinikpflegeleitung; Stat. Ltg. = Stationsleitung.

Kriterien die **zweite Stufe der Fehlzeitengespräche** in Kraft. In diesem Gespräch wird, im Unterschied zu den vorherigen Gesprächen, auf *mögliche Konsequenzen* hingewiesen.

Die **dritte Fehlzeitengesprächsstufe** leitet nach einem bestimmten Zeitraum und einer nicht festzustellenden Veränderung in den Fehlzeitendaten arbeitsrechtliche Konsequenzen ein. Da die Vorgesetzten durch die Fehlzeitenstatistik über die möglichen motivationsbedingten Abwesenheitsgründe vorgewarnt waren, wurden alle Gespräche der insgesamt drei Fehlzeitenstufen durch kurze Notizen protokolliert. Diese Protokolle sind wichtig, wenn der für alle Seiten unschöne Gang zum Arbeitsgericht nicht mehr vermeidbar ist.

Im Zusammenhang mit dem hier vorgestellten Vier- bzw. Drei-Stufenmodell sollte noch betont werden, **daß nicht jede Stufe nur einem Gespräch entspricht.** Vorstellbar ist z. B., daß in der ersten Stufe mehrere Gespräche geführt werden[10], bevor weitere Personen und Instanzen in die zweite Stufe einbezogen werden.

Auch ist zu berücksichtigen, daß der Anteil der Fehlzeitengespräche an den Gesamtgesprächen äußerst gering ist. Nach unseren Erfahrungen werden ca. 80–90 Prozent aller Gespräche im Stufenplan nach krankheitsbedingter Abwesenheit bereits auf der Ebene der Rückkehrgespräche geführt. Von daher ist der Stufenplan vergleichbar mit einem Trichter. Unternehmensvertreter berichten zudem, daß der Anteil der krankheitsbedingten Kündigungen nach Einführung von Stufenplänen stark abgenommen habe, da durch dieses Instrument eine größere Transparenz erreicht worden ist.

Einerseits besteht bei strikter Einhaltung der in einem Stufenplan aufgeführten Kriterien natürlich die Gefahr des Schubladendenkens, andererseits kann ein durch einen Stufenplan eingeleiteter Kommunikationsprozeß auch dem Schubladendenken entgegenwirken, wie folgendes Beispiel aus der Praxis verdeutlicht:

Aus einem Unternehmen wurde berichtet, daß erst durch ein 4-Personen-Fehlzeitengespräch der ersten Stufe in Erfahrung gebracht wurde, daß ein Mitarbeiter, der im Schnitt alle 2 Monate für 1–2 Tage krankheitsbedingt abwesend war, an einer seltenen Krankheit litt, und nicht, wie vorher gemutmaßt wurde, ein „Blaumacher" war. Diese Krankheit war Ursache dafür, daß dem Mann bisweilen schwindelig wurde und er so schnell wie möglich, mei-

---

10 Wenn z. B. der Mitarbeiter plausible Erklärungen für seine Fehlzeiten vorbringt und die Angelegenheit nicht verschärft werden soll oder der Arbeitgeber seine Zusagen zur Verbesserung von Arbeitsbedingungen nicht eingehalten hat.

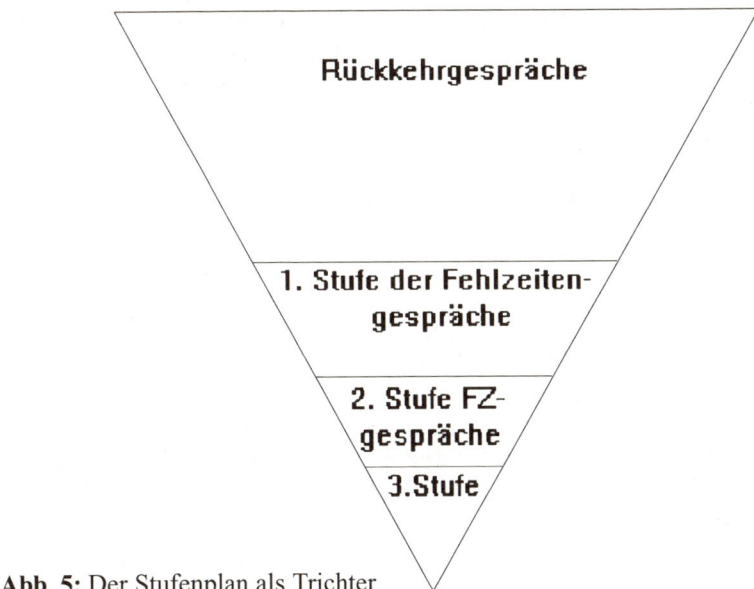

Abb. 5: Der Stufenplan als Trichter

stens am darauffolgenden Tag, seinen Arzt aufsuchen mußte, der ihm ein Medikament spritzte. Nach ca. einem weiteren Tag ging es dem Mann wieder so gut, daß er seinen Arbeitsplatz aufsuchte. Bei dieser Person konnte also keineswegs motivationsbedingte Abwesenheit festgestellt werden, sondern es handelte sich vielmehr um einen Menschen, der alles andere als ein sogenannter Blaumacher ist.

Den Rückkehrgesprächen und dem Stufenplan wird z. T. grundsätzlich unterstellt, daß mit diesen Instrumenten eine „Jagd auf Kranke" veranstaltet werden soll. Wie mit jedem Instrument, so kann auch mit einem Stufenplan Schaden angerichtet werden. Damit dies verhindert wird, ist die Mitarbeit und Unterstützung überaus verantwortungsbewußter Unternehmensmitglieder unbedingt notwendig. Unter anderem auch deshalb ist es zwingend notwendig, z. B. den Betriebs- oder Personalrat so früh wie möglich in den Gesprächsprozeß einzubeziehen (wie z. B. im Stufenplan von Tabelle 2). Ist dies nicht der Fall und wird ein Betriebsratsmitglied erst relativ spät eingeschaltet, wird sich aller Voraussicht nach ähnliches ereignen, wie uns aus einem der von uns betreuten Betriebe berichtet wurde.

In diesem Unternehmen wollte man schon vor einigen Jahren die Rückkehrgespräche einführen. Es gab auch eine Reihe positiver Ansätze, letztendlich

25

aber wurden die Gespräche wieder eingestellt, da der Betriebsrat immer erst viel zu spät eingeschaltet wurde. Hatte z. B. ein Vorgesetzter eine Reihe von Gesprächen mit ein und derselben Person geführt und nach einem längeren Zeitraum den Eindruck, es handele sich nicht um betrieblicherseits verursachte motivationsbedingte Abwesenheit (umgangssprachlich ist hier also das „Blaumachen" gemeint), wurden die Gespräche an höherer Stelle und unter Beteiligung des Betriebsrates geführt. In diesen Gesprächen verhielt sich der Betriebsrat erwartungsgemäß und stellte sich ohne Wenn und Aber jeweils vor den Mitarbeiter (auch wenn vielleicht ein anderes Verhalten im Sinne der anderen Kollegen oder im Interesse des Gesamtunternehmens angebracht gewesen wäre). Konsequenz war, daß die Vorgesetzten resignierten, die Gespräche einstellten und dadurch die Fehlzeiten insgesamt anstiegen. Jetzt konnten auch die anderen Mitarbeiter sehen, daß es in den Fällen, in denen es notwendig gewesen wäre, keine Konsequenzen gab, wenn die entsprechenden Mitarbeiter später triumphierend durch den Betrieb gingen. Die betrieblichen Vorgesetzten bezeichneten folglich den eigenen Betriebsrat als „Fehlzeitenursache".

Da es so wichtig ist, wiederhole ich noch einmal, daß für einen konstruktiven Prozeß die frühzeitige Einbindung des Betriebs- respektive Personalrates überaus notwendig ist. Tritt der Betriebsrat erst gegen Ende der Stufen in Erscheinung, können alle anderen vorher geführten Gespräche nachträglich überflüssig werden.

In einem anderen Betrieb mit einem ähnlichen Stufenplan wie in Tabelle 2 entwickelte die Unternehmensleitung gemeinsam mit dem Betriebsrat folgende Erklärung, die dem Stufenplan vorangestellt ist:

„Das von der Unternehmensleitung und dem Betriebsrat ins Leben gerufene Gesundheitsförderungsprojekt beinhaltet als Kernelement die Rückkehrgespräche. Zieht man Bilanz, so ist festzustellen, daß diese Gespräche von den Mitarbeitern anfangs skeptisch, schnell aber sehr positiv aufgenommen wurden. Sie haben deutlich zur Verbesserung des Verständnisses, zur Förderung der Gesundheit und zur gemeinsamen Lösung von Problemen beigetragen.

Es wird in unserem Unternehmen zwischen Rückkehr- und Fehlzeitengesprächen unterschieden.

Rückkehrgespräche werden grundsätzlich nach jeder Abwesenheit geführt, so kurz sie auch sein mag. Der Inhalt dieser Gespräche richtet sich nach dem Grund und der Länge der Abwesenheit. Im Vordergrund stehen stets das „Sich-Kümmern" um den Mitarbeiter und die Förderung der Motivation. Rückkehrgespräche sind nicht zu dokumentieren. Dennoch ist jeder Vorgesetzte verpflichtet, diese Gespräche zu führen und jeder Mitarbeiter berechtigt, sie zu fordern. Rückkehrgespräche ergeben sich als natürliches Bedürfnis aus der Verbundenheit der Mitarbeiter mit dem Unternehmen.

Rückkehrgespräche werden grundsätzlich nach jeder Abwesenheit unter dem gemeinsamen Motto geführt:

- Wir reden miteinander
- Wir vermissen jede/n fehlende/n MitarbeiterIn
- Wir sind kollegial
- Wir kümmern uns
- Wir wollen eventuelle Probleme frühzeitig erkennen
- Wir bieten unsere Hilfe an
- Wir sichern die Wiederaufnahme der Arbeit
- Wir fühlen uns mit dem Unternehmen verbunden

Rückkehrgespräche werden geführt

- zur Rückmeldung im Unternehmen und zur Wiederaufnahme der Arbeit,
- zur Förderung des Interesses für Geschehnisse am Arbeitsplatz während der Abwesenheit,
- zur Besprechung von Sondervorkommnissen während der Abwesenheit,
- zur Erleichterung der Arbeitsaufnahme,
- evtl. zur Information bezüglich der Gründe der Abwesenheit,
- evtl. zur Nachfrage bezüglich der Einsatzfähigkeit.

Fehlzeitengespräche sind in drei Stufen unterteilt, je nach Charakter der Gespräche. Sie unterscheiden sich dadurch von den Rückkehrgesprächen, daß hier ein offensichtliches Problem ansteht, das es gilt, gemeinsam zu analysieren und zu lösen. In den meisten Fällen müssen neben dem Lösungsweg auch Zielvereinbarungen besprochen werden. Nicht zu lösende Probleme müssen schlußendlich zu Entscheidungen führen. Einen Sonderfall stellen die Suchtprobleme dar, die in einem anderen Programm abgedeckt sind. Fehlzeitengespräche werden im allgemeinen durch den Betrieb in Abstimmung mit dem Betriebsrat ausgelöst. Die Personalabteilung leitet spätestens dann Fehlzeitengespräche ein, wenn dies nach einem betriebsspezifischen Raster durch den Betrieb nicht erfolgt ist.

Fehlzeitengespräche werden unter folgendem Motto geführt:

A) Fehlzeitengespräche der ersten Stufe (zur Verbesserung der Gesundheit)

- wir bieten Verständnis
- wir unterstreichen, daß wir gemeinsam ein Problem haben, das es zu lösen gilt
- wir betreiben eine gemeinsame Analyse
- wir bieten Hilfe und Unterstützung an

- wir zeichnen gemeinsam einen Lösungsweg mit Zielvereinbarungen auf
- wir weisen auf Probleme im Betrieb hin
- wir bemühen uns gemeinsam um Motivation

B) Fehlzeitengespräche der zweiten Stufe

- wir bieten nochmalige Hilfe und Unterstützung an
- wir betreiben eine kritische Analyse
- wir analysieren, warum die Ziele nicht erreicht wurden
- wir formulieren eventuell neue Ziele
- wir untersuchen, ob eine Lösung der Probleme absehbar ist
- wir analysieren, ob der/die MitarbeiterIn in der Lage ist, die Aufgaben wahrzunehmen
- wir erwarten Klarstellung in bezug auf guten Willen
- wir weisen nochmals auf Probleme im Betrieb hin
- wir zeigen mögliche Konsequenzen auf

C) Fehlzeitengespräche der dritten Stufe

- wir geben Ziele vor
- wir stellen klar, daß es sich um die letzte Chance im Rahmen des Gesundheitsförderungsprogrammes handelt

Rückkehr- und Fehlzeitengespräche sollen entscheidend zur Verbesserung der betrieblichen Kultur beitragen." (Hervorhebung d.V.)

4. Die Rolle der Personalabteilung und des Betriebsrates im Rückkehrgespräch nach krankheitsbedingter Abwesenheit (bzw. Fehlzeitengespräch)

Unternehmen, die bereits einen Stufenplan im Vorfeld der Trainings entwikkelt haben, entschließen sich jetzt immer öfter, vor den Trainings mit den direkten Vorgesetzten zunächst die Vertreterinnen und Vertreter der Personalabteilung und des Betriebsrates hinsichtlich der Merkmale und Inhalte des Rückkehrgespräches zu schulen. In Seminarveranstaltungen à 2 Tage sitzen sich dann jeweils die VetreterInnen der Personalabteilung (PA) und die VertreterInnen des Betriebs- bzw. Personalrates (BR) gegenüber. Die Seminare sind, bis auf kleine Änderungen, genauso aufgebaut und konzipiert wie die Veranstaltungen für die betrieblichen Vorgesetzten.

Abweichend vom allgemeinen Seminarkonzept bearbeiten die MitarbeiterInnen der Personalabteilung und die Betriebsräte die folgenden Aufgaben in einer Gruppenarbeit (getrennte Gruppen):

1. *Welche* **Ziele** *sollen mit dem Fehlzeitengespräch unter Beteiligung von PA und BR erreicht werden?*

Dies soll beiden Gruppen als Vorbereitung für die Fehlzeitengespräche dienen, die sie später begleiten werden und zudem zur Klärung des eigenen Rollenverständnisses beitragen.

Zusätzlich verständigen sich die Betriebsräte und die VertreterInnen der Personalabteilung darüber, *wie sich* **BR und PA** *in einem Rückkehr- oder Fehlzeitengespräch unter Beteiligung von PA und BR* **verhalten** *sollten, damit die gesteckten Ziele auch erreicht werden*

a) gegenüber dem Vorgesetzten,

b) gegenüber dem Mitarbeiter.

2. Wichtig zu klären ist auch die Frage, *was unbedingt* **im Gespräch** *von PA und BR* **vermieden** *werden sollte?*

3. Ganz wichtig ist die Rollenklärung, d. h.: *Welche* **Rolle** *übernimmt die* **PA**, *und welche* **Rolle** *übernimmt der* **BR** *in diesem Gespräch?*

Letztendlich erweisen sich diese Ergebnisse aus den Gruppenarbeiten mit den Betriebsräten und den VertreterInnen der Personalabteilung als Grundvoraussetzung für die überaus konstruktive und erfolgreiche Umsetzung der

Gespräche ab der 1. Fehlzeitenstufe (siehe Stufenplan der Tabelle 2). In diesem Unternehmen besteht z. B. nach anfänglicher großer Skepsis gegenüber der Einführung von Rückkehrgesprächen und des Stufenplans seitens der Vorgesetzten und der Belegschaft eine große Akzeptanz dieses betrieblichen Veränderungsprozesses. Die Skepsis hat sich weitgehend aufgelöst. Das Rückkehrgespräch und das Fehlzeitengespräch der 1. Stufe ist sogar schon zum Teil ein von den Mitarbeitern gefordertes Gespräch geworden. Denn, so sagt man, „Endlich passiert hier mal etwas!"

5. Praxisteil

Da dieses Buch insbesondere PraktikerInnen ansprechen soll, will ich die nun folgenden theoretischen Grundlagen zum Rückkehrgespräch auf das aus meiner Sicht Notwendigste begrenzen.

5.1 Das direktive und das nicht-direktive Rückkehrgespräch

Es gibt bei Rückkehrgesprächen (nach krankheitsbedingter Abwesenheit) grundsätzlich zwei unterschiedliche Gesprächsstile: Den direktiven und den nicht-direktiven (oder: non-direktiven) Gesprächsstil.

Abb. 6: Die beiden unterschiedlichen Ansätze des Rückkehrgespräches

Wie in Abbildung 6 aufgeführt, führt der direktive Gesprächsstil in einem Rückkehrgespräch zu einem Verhör, ist in der Regel von Vorurteilen des Gesprächsführenden (Führungskraft) bestimmt und läßt dem Rückkehrer kaum Möglichkeiten, offen über mögliche Gründe für die Abwesenheit zu reden. Im folgenden Praxisteil ist ein Beispiel eines direktiven Rückkehrgespräches nach krankheitsbedingter Abwesenheit wiedergegeben.

Beim nicht-direktiven Gesprächsstil oder Gesprächsverhalten zeichnet sich der Gesprächsführende (Führungskraft) dadurch aus, daß er dem Mitarbeiter zuhört, das Gespräch durch Fragen auflockert, auf den Gesprächspartner eingeht, Vorwürfe vermeidet und seinem Gegenüber und dessen möglichen Problemen Interesse bekundet.

Die nicht-direktive Gesprächsführung ist auf *Carl Rogers* zurückzuführen, der mit diesem Verhalten therapeutisch gearbeitet hat. Bei seiner Methode nimmt der Therapeut von jeder Art Beeinflussung oder Wertung Abstand, hört aufmerksam und interessiert zu, zeigt Verständnis und Anteilnahme. Er spiegelt die Gefühle und Inhalte wider, die sein Gegenüber äußert.

Folgende Stichworte beschreiben den nicht-direktiven Gesprächsstil:

- demokratisch
- egalitär
- sozialintegrativ
- mitarbeiterbezogen
- kooperativ
- partizipierend

Für den direktiven Gesprächsstil stehen folgende Begriffe:

- autokratisch
- autoritär
- dominant
- vorgesetztenbezogen
- kontrollierend

Während beim nicht-direktiven Gesprächsstil aufgrund eines gruppenorientierten Verhaltens des Vorgesetzten eine nur indirekte Lenkung ausgeübt wird, wird beim direktiven Gesprächsstil aufgrund eines selbstbezogenen Verhaltens des Vorgesetzten eine intensive Lenkung gegenüber dem Gesprächspartner praktiziert.

Im direktiven und nicht-direktiven Gesprächsstil spiegelt sich die Theorie-X und Theorie-Y von *McGregor* wider. Ein nicht-direktiver und vorurteilsfreier Vorgesetzter mit einem positiven Gesprächsziel erhält durch sein Gespräch auch zumeist ein positives Feedback und Ergebnis bei seinem Mitarbeiter; ein direktiver und mit Vorurteilen ins Gespräch gegangener Vorgesetzter, wie z. B. unser Herr Unger in einem der beiden folgenden Gespräche im praktischen Teil, wird auch eher die Bestätigung seiner Vorurteile erhalten, da sich der Mitarbeiter durch das Vorgesetztenverhalten kaum veranlaßt fühlen wird, mit gesteigerter Motivation an seinen Arbeitsplatz zurückzukehren. Möglicherweise werden die meßbaren Fehlzeiten nachlassen, und er

32

wird in Zukunft wahrscheinlich nicht durch einen hohen Krankenstand auffallen; aber es gibt ja noch andere Möglichkeiten, auf Mißstände zu reagieren: z. B. durch Intrigen (gegen den Vorgesetzten), Dienst nach Vorschrift bzw. innere Kündigung.

5.2 Beispiele für ein direktives und ein nicht-direktives Rückkehrgespräch

Um von der Theorie zur Praxis zu gelangen, werden im folgenden zwei Gespräche wiedergegeben und analysiert. Beide Gespräche fanden als Rollenspiele in Seminaren statt. Die Vor- und Aufgabe war jeweils die gleiche. Ein Rollenspieler übernahm die Aufgabe des Vorgesetzten. Er hat ein Gespräch mit einem Mitarbeiter mit sehr vielen Kurzzeitabwesenheiten zu führen, die zudem noch häufig unmittelbar vor oder nach dem Wochenende stattfanden. Der Mitarbeiter ist 25 Jahre alt und erst seit einigen Monaten im Unternehmen. Die häufigen Fehlzeiten ereigneten sich erst, nachdem die Probezeit abgelaufen war.

Beide nun wiedergegebenen Gespräche sind also aus ein und derselben Rollenspielvorgabe entstanden.

5.2.1 Der Fall des Herrn Dräger und Herrn Unger

1. Gesprächsversion

Unger:	Mahlzeit, Herr Dräger!
Dräger:	Mahlzeit, Herr Unger!
Unger:	Wie Sie ja wissen, haben Sie einen ziemlich hohen Krankenstand.
Dräger:	Ja.
Unger:	Sie waren ein guter...äh...Sie sind ein guter Mitarbeiter. Auch in der Einarbeitungszeit hatten wir uns schon mal darüber unterhalten, als Sie zweimal krank waren, daß es so nicht weitergehen kann. Da hatten Sie mir versprochen, das sei das letzte Mal. Nur jetzt, seitdem ich Sie fest eingestellt habe, hat sich Ihr Krankenstand noch verschlechtert. Ich möchte von Ihnen einmal wissen, was wir dagegen machen können? Von Ihrer Seite her, was für Probleme haben Sie? Ist es so gravierend, daß Sie immer nur am Wochenende oder Wochenanfang einen Krankenschein nehmen?

Dräger: Ja, ich hatte jetzt zweimal eine schwere Grippe, und ich sah es nicht als sinnvoll an, mit einer Grippe in den Betrieb zu kommen und die Leute anzustecken. Dann habe ich Probleme mit dem Rücken, und darüber haben wir uns schon mal unterhalten – auch mit dem Vorarbeiter, nicht? – daß wir den Arbeitsplatz ändern müssen. Das tiefe Bücken verursacht die Rückenschmerzen, und da hat man mir gesagt: „Ja gut, da machen wir mal was," aber bis heute ist nichts geschehen.

Unger: Ja ist gut, das...

Dräger: Ja, und dann habe ich da noch ein Magenleiden. Das führt mein Arzt auf die 3fach-Schicht, das unregelmäßige Essen usw. zurück. Dadurch habe ich Krankheiten bzw. die Ausfalltage.

Unger: Aber diese Daten, bzw. das haben Sie doch vorher gewußt bei der Einstellung, bei der Einarbeitung, daß Sie drei Schichten machen müssen, daß Sie Schwierigkeiten mit der Ernährung haben werden und daß Sie magenkrank sind, Sie...

Dräger: Ich war...

Unger: ...den Arbeitsplatz haben Sie sich doch angeguckt!!

Dräger: Ich war nicht magenkrank, das stimmt nicht.

Unger: Ja selbstverständlich, Sie haben doch gerade gesagt, Sie haben doch ein Magenleiden.

Dräger: Nein, ich habe gesagt, ich habe *jetzt* ein Magenleiden bekommen dadurch. Der Arzt führt das darauf zurück, daß ich zwei Schichten mache.

Unger: Ja okay, dann müssen wir mal einen Termin beim Werksarzt machen. Mal sehen, was wir da machen können, aber so geht's nicht weiter und wie gesagt, ...hier, ...Sie sagen, Sie hätten nur zweimal eine Krankenbescheinigung gehabt, hier, ...wenn ich mir Ihren Krankenstand angucke: eins, zwei, drei, vier, fünf, sechs, siebenmal innerhalb von zwei Monaten! Ne, das ist für eine Firma nicht tragbar, und Ihre Arbeiten, die müssen dann von anderen Kollegen getätigt werden. So kommen wir da nicht weiter!

Dräger: Ich meine, ich bin auch kein Freund vom Krankfeiern, aber ich war jetzt wirklich krank, und ich versuche auch immer wiederzukommen! Ich meine, das wissen Sie genauso gut wie ich, ich

	mache meine 12 Stunden, ich bin Samstags da, ich fang' auch Sonntags nachts an, und es ist wirklich nichts gespielt. Ich feier' nicht krank!
Unger:	Jaja, ist gut! Sie sind arbeitsunfähig geschrieben, aber warum sind es immer nur 2 Tage, 3 Tage, 1 Tag?! Wenn ich eine Grippe habe, dann bin ich 5 Tage bzw. 14 Tage krank und nicht nur immer 1 Tag! Das ist doch unglaubwürdig!
Dräger:	Ja nur, ...ich schreibe nicht 2 Tage, 3 Tage krank, das macht doch der Arzt!
Unger:	Jaja, ist klar, bloß dann möchte...
Dräger:	Ich möchte weiter arbeiten gehen!
Unger:	Und warum ist es nur am Wochenende? Sie können mir doch nicht erzählen, daß Sie, wenn Sie am Freitag krank werden, wenn Sie dann am Montag wieder da sind, wieder gesund sind! Für mich ist das unglaubwürdig.
Dräger:	Ja, so wie es aussieht, könnte man das denken. Es könnte unglaubwürdig wirken, aber... ich war nun mal wirklich krank.
Unger:	Na ja, so krank kann man nicht gewesen sein, daß man nach 2 Tagen wieder arbeiten kann. Und warum immer am Wochenende, warum werden Sie nicht mal am Mittwoch krank?...oder... äh...am Dienstag?
Dräger:	Ja, die Frage ist gut... Nee, es war wirklich so! Ich sage das noch einmal ganz deutlich: Ich hab' wirklich was gehabt, ich hab' auch vorher nie krank gefeiert, das wissen Sie genauso gut wie ich! Irgendwann hatte ich eine Pechsträhne, als ich gesundheitlich so angeschlagen war! Ich bin aber guter Dinge, daß sich das irgendwie doch wieder bessert!
Unger:	Sehen Sie doch hier den Krankenstand! Sie hatten am 3./4. einen Krankenschein, dann am 13./14. wieder einen … So, da kann ich noch verstehen, daß Sie dann evtl. von der Grippe einen Rückschlag gehabt haben, aber...
Dräger:	Ja, das war nicht ganz auskuriert, da hab' ich zu früh angefangen mit der Arbeiterei.
Unger:	Ja, ist gut, aber was war dann am 30. 4. , wieder 14 Tage später? Da war es auch wieder nur am Wochenende, auch nur zwei Tage, bis zum 2. Mai?!!

Dräger:	Ja, da war ich leicht angeschlagen, da habe ich mir gesagt, ach komm, da fehlen so viele Leute, geh'mal wieder arbeiten.
Unger:	Ja, die Einstellung find' ich schon ganz gut von Ihnen, bloß, es bringt uns nichts, wenn Sie dann anschließend wieder nach drei Tagen oder nach fünf Tagen einen Krankenschein vorlegen. Dann bleiben Sie einmal ganz zu Hause, da können wir uns besser darauf einstellen als andersrum, wenn Sie immer nur zwei Tage weg sind! Wie soll ich da das Personal einplanen können? Das müssen Sie doch auch verstehen!? Wir können keine Freizeiten geben, die Kollegen beschweren sich, oder mich klagen sie sogar an. Das müssen Sie doch auch mal bedenken?!! Die Leute können nicht in ihre Freizeit gehen bzw. keinen Tag Urlaub bekommen! Und Sie kommen dann an und bleiben mit Ihrem Hintern einen Tag einfach zu Hause! Und auf der anderen Seite müssen wir uns dann was von den gesunden Leuten anhören!
Dräger:	Herr Unger, ich verstehe Ihre Verärgerung, nur hab' ich ja gesagt, daß ich auf dem Wege der Besserung bin, und daß ich damals kurzfristig krank wurde, kurz hintereinander, kam daher, weil ich schnell wieder zur Arbeit gehen wollte, und dadurch habe ich einen Rückschlag bekommen.
Unger:	Sie müssen berücksichtigen bei dem Krankenstand, den Sie haben, daß Ihr Arbeitsplatz in Gefahr ist!
Dräger:	Das seh' ich genauso.
Unger:	Wir können uns das nicht weiter erlauben, die Lohnfortzahlung kostet ein Heidengeld für die Firma. Es ist ja so, daß Sie meistens auf eine andere Krankheit krankfeiern...
Dräger:	Nein, nein, das stimmt nicht. Drei verschiedene Krankheiten habe ich gehabt.
Unger:	Ja, ist gut, die haben Sie innerhalb von zwei Monaten voll ausgekostet, immer schön in der Reihenfolge...
Dräger:	Nein, die habe ich nicht ausgekostet. Das stimmt nicht, was Sie sagen! Ich bin zu früh arbeiten gegangen.
Unger:	Ja, ist gut...
Dräger:	Ich hab' dann als Nachschlag noch richtig einen mitbekommen...

Unger:	Das kann schwerlich sein. Was war dann beim dritten Mal? Sie können doch nicht immer wieder einen Rückschlag bekommen?!
Dräger:	Das war ja auf diese Grippe bezogen. Aber die Rückenschmerzen – da haben wir uns unterhalten, daß der Arbeitsplatz geändert werden soll, daß ich nicht so tief runter muß, damit ich diese Rückenschmerzen nicht bekomme.
Unger:	Herr Dräger...!!!
Dräger:	Nur, Sie ändern ja auch nichts an dem Arbeitsplatz.
Unger:	...wenn wir das bereits gewußt hätten, in dem halben Jahr der Einarbeitungszeit, daß Sie sich nicht so tief bücken können, dann hätten wir Sie erst gar nicht übernommen. Bloß, das wurde dann verschwiegen von Ihnen, damit Sie einen festen Arbeitsplatz haben. Sie haben sich dann mehr oder weniger gequält. Gucken Sie mal an, Sie haben sofort zu dem Zeitpunkt, als Sie fest eingestellt worden sind...
Dräger:	Das ist im Laufe der Zeit erst entstanden!
Unger:	Nee...
Dräger:	Daraufhin haben wir uns unterhalten. Damals haben Sie gesagt, Sie ändern das ab, damit ich mich nicht mehr so tief bücken muß.
Unger:	Nee, ich sehe das so: In den ersten drei Monaten haben Sie nur zweimal krankgefeiert, ...dann überhaupt nicht mehr, und als Sie dann fest eingestellt waren – schon „schwupp" fing es an. Warum?
Dräger:	Das hat mit der Festeinstellung nichts zu tun.
Unger:	Na, so seh' ich das aber. Sie haben sich dann zusammengerissen, mehr oder weniger, damit Sie das halbe Jahr über die Bühne kriegen. Gucken Sie, am 30. März war Ihre Probezeit zu Ende, und am 3. April fing es an, am 13. 4., 14. 4., usw.
Dräger:	Ich verspreche Ihnen eines: Ändern Sie den Arbeitsplatz ab, dann hört das Rückenleiden auf, die Rückenschmerzen verschwinden – und Grippe habe ich auch nicht alle 14 Tage oder alle 4 Wochen. Sie werden dann sehen, ob ich weiterhin so häufig krank bin.

Unger:	Okay, wir werden es noch einmal versuchen, wie gesagt, bedenken Sie das, wenn das weiter so mit den Fehlzeiten geht, daß Sie Ihr Arbeitsverhältnis bzw. Ihre Arbeit verlieren werden! Es ist nicht tragbar für die Firma und...
Dräger:	Nein, ich möchte meinen Arbeitsplatz behalten! Ich möchte ihn auch zufriedenstellend ausführen!
Unger:	Wir sehen zu....
Dräger:	Ich möchte auch in Ruhe und Frieden weiter mit Ihnen zusammenarbeiten können!
Unger:	Wir sehen zu, daß wir den Arbeitsplatz ändern, daß die Höhe geändert wird, der Arbeitsplatz soll...
Dräger:	Das haben Sie schon mal gesagt, aber bis heute ist noch nichts geschehen.
Unger:	Ja ist gut, so schnell arbeiten unsere betrieblichen Mühlen nicht. Ja?!!
Dräger:	Okay?!!
Unger:	Okay!!

Lesen Sie nun bitte von diesem Gespräch die 2. Version. Das Gespräch zwischen den Herren Unger und Dräger hätte auch anders verlaufen können:

2. Gesprächsversion

Unger:	Mahlzeit, Herr Dräger.
Dräger:	Mahlzeit, Herr Unger.
Unger:	Schön, daß Sie wieder gesund sind! Ich würde gerne ein Gespräch mit Ihnen führen, um Sie über all das zu informieren, was sich so während Ihrer Abwesenheit bei uns ereignet hat, damit Sie wieder auf dem laufenden sind. Aber zuerst interessiert mich natürlich, wie es Ihnen geht!
Dräger:	Ja, danke! Mir geht es eigentlich jetzt wieder gut. Ich hab' mal versucht, so einiges auszukurieren, was sich bei mir in letzter Zeit angesammelt hatte.
Unger:	Was hat sich denn bei Ihnen angesammelt, wenn ich fragen darf?
Dräger:	So einiges. Ich hatte damals nicht gedacht, daß diese Arbeit bei Ihnen so ganz anders ist als meine vorherige Tätigkeit. Ich muß mich jetzt häufiger bücken und schwerer tragen als früher, wo-

	durch, wie mein Arzt sagt, einige Muskeln belastet werden, die früher kaum belastet wurden. Außerdem war ich in letzter Zeit so oft kaputt, daß ich des öfteren erkältet war.
Unger:	Wenn ich Sie richtig verstehe, wird Ihre Gesundheit durch die neue Tätigkeit beeinträchtigt?
Dräger:	Da bin ich mir fast sicher, wobei es mir wirklich unangenehm ist, daß ich in letzter Zeit häufiger ausgefallen bin. Ich hoffe aber, daß das ganz schnell besser wird, wenn ich mich auf diese neue Situation eingestellt habe.
Unger:	Können Sie sich vorstellen, daß Unterstützung von betrieblicher Seite vielleicht helfen würde?
Dräger:	Ich glaube, daß mir eine kleine Hebehilfe ganz gut helfen würde.
Unger:	Und sonst?
Dräger:	Sonst eigentlich nichts. Das müßte reichen.
Unger:	Da werde ich mich dafür einsetzen, daß Ihnen diese Hebehilfe so schnell wie möglich zur Verfügung gestellt wird und schlage vor, daß wir uns auf jeden Fall heute in 2 Wochen unterhalten, ob diese Hebehilfe ausreichend ist und später noch einmal schauen, ob sich auch sonst alles gebessert hat. Wir sind insgesamt mit Ihnen sehr zufrieden und würden uns freuen, wenn Sie weiterhin bei uns bleiben. Und das natürlich auch in gesundem Zustand.
Dräger:	Das höre ich natürlich gerne! Vielen Dank!
Unger:	Ja, dann will ich Ihnen zum Schluß berichten, was sich so während Ihrer Abwesenheit ereignet hat, damit Sie so gut wie möglich wieder reinkommen ins Geschäft ...

Aufgaben:

1. Arbeiten Sie bitte die Unterschiede der beiden Gespräche heraus. Was hat Herr Unger mit dem 1. Gespräch erreicht, was mit dem zweiten?
2. Welches der beiden Gespräche sollte Ihrer Meinung nach eher als Maßstab für Rückkehrgespräche in Ihrem Unternehmen gelten?
3. Welches der beiden Gespräche wurde aus Ihrer Sicht direktiv geführt, welches nicht-direktiv?
4. Welche Gesprächsregeln würden Sie für sich persönlich aus diesen beiden Gesprächen ableiten?

Auf Seite 40 und 41 finden Sie einige Anmerkungen und mögliche Antworten zu diesen Fragen.

Das zweite Gespräch ist deutlich kürzer als das erste. Herr Unger dreht sich im ersten Gespräch ständig im Kreis, während er im zweiten Gespräch sein (Etappen-)Ziel erreicht.

Herr Unger hat im ersten Gespräch das Ziel, seinen Mitarbeiter zu entlassen. Deutlich wird dies in der Gesprächseröffnung, als ihm ein Freudscher Versprecher unterläuft und er sagt: „Sie *waren* ein guter Mitarbeiter." Innerlich hat er Herrn Dräger schon verabschiedet. Herr Unger hört zudem nicht zu. Herr Dräger gibt ihm viele Möglichkeiten, auf ihn einzugehen. Er sagt zwischenzeitlich, daß er guter Hoffnung sei, daß sich sein Gesundheitszustand bessere. Die Reaktion von Herrn Unger ist die, gar nicht darauf einzugehen. Er überhört diese Angebote, will ihn nur dazu bringen, daß er am Ende des „Verhörs" zugibt: „Ja, ich bekenne mich. Ich bin ein Simulant und Blaumacher."

Im zweiten Gespräch geht Herr Unger völlig anders an die Sache heran. Er eröffnet das Gespräch überaus freundlich und erzeugt dadurch eine entspannte Atmosphäre, die Herrn Dräger derart positiv beeinflußt, daß er offen über seine gesundheitlichen Probleme spricht. Herr Unger führt das Gespräch nicht-direktiv, d. h., er stellt viele Fragen, hört aufmerksam zu und geht auf seinen Gesprächspartner ein. Sein Ziel im zweiten Gespräch ist ein völlig anderes. Er sieht Herrn Dräger als wertvollen Menschen und Mitarbeiter und möchte ihn gerne behalten und motivieren. Dies gelingt ihm im zweiten Gespräch. Herr Dräger, bzw. der Seminarteilnehmer, der seinerzeit diese Rolle spielte, war fest davon überzeugt, daß nach diesem Gespräch bzw. durch dieses Gespräch seine Motivation gestiegen sei und seine Fehlzeiten mit an Sicherheit grenzender Wahrscheinlichkeit abnehmen werden. Dadurch erreicht Herr Unger eine Gewinner/Gewinner-Situation im zweiten Gespräch.

Im ersten Gespräch hat er wahrscheinlich die letzte Motivation des Herrn Dräger erstickt. Herr Dräger wird sicherlich nicht von einem guten und vertrauensvollen Verhältnis zu seinem Vorgesetzten sprechen und bei Problemen eher weiter auf die Krankschreibung zurückgreifen (sicherlich jetzt seltener, da er Angst um seinen Arbeitsplatz hat, dafür wird er aber höchstens Dienst nach Vorschrift praktizieren und sich auf keinen Fall „ein Bein ausreißen"), als mit Herrn Unger nach Version 1 über seine Probleme zu sprechen.

Wenn Sie sich dafür entschieden haben, daß Version 1 als Maßstab für die zukünftigen Rückkehrgespräche in Ihrem Betrieb eingesetzt werden sollte, wird das Rückkehrgespräch sicherlich in keinem Fall zu einer konstruktiven Atmosphäre, geschweige denn zu positiven Ergebnissen führen. Sowohl Vorgesetzte als auch Mitarbeiter werden das Rückkehrgespräch als negativ bewerten. Das allgemeine Betriebsklima wird sich auf das denkbar niedrigste Niveau zurückentwickeln. Vertrauensvolle und offene Atmosphäre zwischen Vorgesetzten und Mitarbeitern gehören der Vergangenheit an. Es besteht die Gefahr, daß in Ihrem Betrieb Produktivität und Qualität sinken und evtl. die Fehlzeiten noch weiter ansteigen werden.

Sie haben sicherlich einige Gesprächsregeln aus diesen beiden Gesprächen abgeleitet. Vielleicht ergänzen die folgenden Regeln die Ihrigen:

- Zuhören
- *Offene* Fragen stellen
- (Zwischen-)Bilanz ziehen („Du hast das und das gesagt, und ich habe dich so und so verstanden. Habe ich dich da richtig verstanden?" In der Psychologie spricht man auch von „Spiegeln")
- Als Vorgesetzter habe ich jederzeit die Möglichkeit, ein Gespräch abzubrechen und zu vertagen.
- Am Ende eines Gespräches sollte man Verabredungen treffen und mit der Vereinbarung eines neuen Gesprächstermins signalisieren: Das, was wir heute hier besprochen haben, ist für mich verbindlich, und ich kümmere mich um die Angelegenheit.

5.2.2 Der Fall „Max Alt"

Der folgende Fall „Max Alt" stammt aus dem Buch „Lernziel: Zusammenarbeit" von *August Sahm* (Frankfurt a. M. 1979). Problemstellung und Lösung haben seither nicht an Aktualität verloren. Ich danke daher der Witwe des Autors, Frau *Christiane Sahm*, und dem *Luchterhand Verlag* recht herzlich für die Genehmigung, diesen Fall hier abdrucken zu dürfen.

Sie finden im folgenden den Sachverhalt, Anleitungen für die Problemlösung sowie weitere Erklärungen zu diesem Fall. Im Anschluß gebe ich wieder ein paar Ergänzungen dazu. Viel Spaß mit diesem Fall!

Der Fall: „Max Alt"

Übungsanleitung:

Diese Übung beginnt mit der Beschreibung eines Problems, das Sie, der Werkmeister, mit einem Ihrer Mitarbeiter haben.

Der Weg, den Sie beschreiten, um dieses Problem der Mitarbeiterführung zu lösen, wird durch Ihr Verhalten bestimmt und durch Ihre Entscheidungen, die Sie in kritischen Augenblicken treffen, und Sie haben immer die Wahl!

41

Deshalb heißt diese Methode einer Verhaltensübung:

„Handeln im Feld der Möglichkeiten".

Die vorliegende Fallstudie wird anders gelesen als die normale Beschreibung eines Falles.

Anstatt Ziffer um Ziffer zu lesen (Ziffer 1, 2, 3, 4 usw.), entscheiden Sie sich hier bei Ziffer 1 für eine bestimmte Maßnahme und lesen dann die dort angegebene Ziffer. Andere Entscheidungen verweisen Sie auf andere Ziffern.

Nachdem Sie Ihre Wahl getroffen haben, begründen Sie Ihre Entscheidung, und zwar ehe Sie die für dieses Verhalten angegebene nächste Ziffer lesen.

(Begründen Sie z. B., warum Sie das von Ihnen gewählte Verhalten als das beste betrachten und welche Wirkungen Sie sich von dieser Ihrer Entscheidung erwarten.)

(Das Auslassen von Ziffer 3 wurde bewußt vorgenommen und stellt keinen Fehler dar!)

Ziffer 1

Sie sind Werkmeister in einem Teilmontagewerk. Es sind Ihnen zwölf Mitarbeiter unterstellt.

Max Alt ist ein Mann Ihrer Gruppe und arbeitet bei Ihnen seit 3 1/2 Monaten. (Er ist bereits seit zwei Jahren bei der Firma beschäftigt.)

Herr Alt ist heute (Montag) nicht anwesend. Es fällt Ihnen ein, daß er schon kürzlich fehlte. Bei der entsprechenden Eintragung in der Abwesenheitsliste stellen Sie mit Überraschung fest, daß er von den vergangenen vier Montagen drei gefehlt hat.

Diese Tatsache hat zweifelsohne den Produktionsablauf beeinträchtigt und ist mit ein Grund dafür, warum Sie Ihr „Soll" nicht erreichen konnten. In den letzten zwei Monaten waren Sie gezwungen, mit einigen Männern Ihrer Gruppe Samstag und Sonntag in Überstunden nachzuarbeiten. Es fällt Ihnen ein, daß Herr Alt dabei war.

Sie sind entschlossen, in dieser Angelegenheit etwas zu unternehmen.

Welche der nachfolgend aufgeführten Handlungsmöglichkeiten werden Sie zuerst ergreifen?

Entscheiden Sie sich, welchen Schritt Sie zuerst unternehmen, und lesen Sie dann die bei der von Ihnen gewählten Möglichkeit angegebene Ziffer.

A) Sie rufen Herrn Alt bei seiner Rückkehr beiseite, um mit ihm zu sprechen.

Lesen Sie Ziffer 9

B) Sie fragen ein paar Männer Ihrer Gruppe, ob sie wüßten, was mit dem Kollegen Alt los sei.

Lesen Sie Ziffer 4

C) Sie erkundigen sich über Herrn Alt bei seinem früheren Vorgesetzten.

Lesen Sie Ziffer 7

D) Sie besprechen die Angelegenheit mit Ihrem Vorgesetzten.

Lesen Sie Ziffer 11

E) Sie lassen Max Alt bei der nächsten Gelegenheit versetzen.

Lesen Sie Ziffer 34

Ziffer 2

Sie haben die Mitarbeiter, die gerade gelacht haben, gefragt, was es denn zu sehen gäbe. Die Männer sind verlegen, einer antwortet jedoch: „Wir lachten über einen Witz, den Kollege Müller beim Mittagessen erzählt hat. Von Ihnen oder dem Kollegen Alt war nicht die Rede."

Was werden Sie tun? **Lesen Sie Ziffer 24, und wählen Sie eine andere Maßnahme aus.**

Ziffer 4

Sie haben sich entschlossen, ein paar Mitarbeiter der Gruppe zu fragen, was mit dem Kollegen Alt los sei. Sie möchten wissen, ob er trinke, Schwierigkeiten mir der Familie habe, tatsächlich krank sei oder sonst etwas.

Sie sprechen drei Männer an, die während ihrer Mittagspause Karten spielen. Zuerst will niemand antworten, endlich gibt aber doch einer zu, daß ein Mann der zweiten Schicht berichtet habe, den Kollegen Alt mit einer blonden Frau frühmorgens gesehen zu haben. Sie seien offensichtlich in Richtung Neustadt gefahren. Der Mann berichtet, daß der Kollege Alt betrunken gewesen sein könne … auf jeden Fall sah es danach aus.

Wie werden Sie sich jetzt gegenüber Herrn Alt verhalten?

Lesen Sie Ziffer 1,
und wählen Sie ein anderes Verhalten.

Ziffer 5

Sie beschließen, Max Alt tagsüber in regelmäßigen Abständen anzurufen. Spätnachmittags schließlich wird der Hörer abgehoben. Die gleiche Frauenstimme, die immer noch ein wenig sonderbar klingt, sagt, daß ihr Mann nicht zu Hause sei. Als Sie fragen, wo er ist, beginnt sie zu weinen. Einige Minuten später kommt Herr Alt ans Telefon und fragt, mit wem er spreche? Als Sie Ihren Namen nennen, antwortet er nur kurz: „Ich kann jetzt nicht mit Ihnen sprechen, auf Wiedersehen" und hängt ein.

Wie werden Sie sich Herrn Alt gegenüber am Dienstag verhalten, wenn er wieder zur Arbeit kommt?

Lesen Sie Ziffer 9

Ziffer 6

Sie haben Herrn Alt gefragt, ob er wirklich krank gewesen sei. Er antwortet:

„Nun, sehen Sie, ich kenne die Betriebsordnung, und ich verhalte mich immer korrekt."

Wie werden Sie sich Herrn Alt gegenüber verhalten?

A) Sie erklären Max Alt, daß der Betrieb berechtigt sei, ein ärztliches Attest zu verlangen, daß Sie die Verantwortung zu tragen hätten und er dies zu respektieren habe.
Lesen Sie Ziffer 13

B) Sie sagen ihm, daß seine privaten Angelegenheiten Sie nichts angingen; Ihre Aufgabe sei es, sich um die Produktion zu kümmern. Sie sagen ihm, daß er sich anzupassen habe oder eben die Konsequenzen tragen müsse.

Lesen Sie Ziffer 24

C) Sie sagen: „ Herr Alt, so habe ich dies nicht gemeint, und es tut mir leid, daß Sie solche Schwierigkeiten hatten. Trotzdem mache ich mir Gedanken, denn Ihre Abwesenheit beeinträchtigt Ihre Arbeitsleistung."

Lesen Sie Ziffer 28

D) Sie erklären Herrn Alt, daß Sie seine Entlassung beantragen würden.

Lesen Sie Ziffer 25

E) Sie lassen Herrn Alt bei der ersten sich bietenden Gelegenheit versetzen.

Lesen Sie Ziffer 34

Ziffer 7

Sie haben beschlossen, sich über Herrn Alt bei seinem früheren Vorgesetzten zu erkundigen. Er sagt: „Max Alt? Warum fragen Sie? Ich kenne ihn sehr gut und halte viel von ihm. Er war einer meiner besten Leute, und ich habe ihn ungern verloren. Wenn es für ihn kein Aufstieg gewesen wäre, hätte ich versucht, ihn zu halten. Trotzdem – wie geht es Alt? Man hat mir erzählt, daß er eine Witwe mit zwei fast erwachsenen Kindern geheiratet hat. Ja, ja, so bekommt man seine Familie fix und fertig ins Haus."

**Gehen Sie zurück zu Ziffer 1,
und entscheiden Sie sich für ein anderes Verhalten.**

Ziffer 8

Sie haben beschlossen, Max Alt zu sich zu rufen, um ungestört mit ihm zu sprechen und ihn zu fragen, was in ihm vorgehe. Er zögert zuerst sich auszusprechen, dann aber platzt er heraus.

„Sie wissen sehr genau, was nicht in Ordnung ist. Alles scheint auf einmal über mich hereinzubrechen. Zuerst war es nur Zuhause, jetzt aber gehen auch Sie auf mich los! Das genügt, um einen Mann zum Trinken zu bringen! Das, was Sie für mich tun können, ist, mich in Ruhe zu lassen und sich um die ganze Angelegenheit nicht zu kümmern."

Wie werden Sie auf Alts ziemlich barsches Verhalten reagieren?

A) Sie erinnern ihn, daß Sie für dieses Werk mitverantwortlich sind und nicht zuletzt auch für ihn; daß Sie Ihre Pflicht tun, und daß er diese Tatsache zu respektieren habe.

Lesen Sie Ziffer 13

B) Sie schlagen vor, daß er zu seiner Arbeit zurückkehre und daß Sie wieder mit ihm sprechen würden, wenn er sich beruhigt habe.

Lesen Sie Ziffer 19

C) Sie erklären ihm, daß bei weiteren Bemerkungen dieser Art strenge Maßnahmen ihm gegenüber angebracht seien.

Lesen Sie Ziffer 20

D) Sie sagen ihm, daß Sie sich nicht einmischen, sondern ihm helfen wollten, daß Sie sich selbstverständlich Gedanken über seine Abwesenheit machen.

Lesen Sie Ziffer 28

E) Sie erklären Herrn Alt, daß Sie seine Entlassung beantragen werden.

Lesen Sie Ziffer 25

F) Sie lassen Herrn Alt bei der ersten sich bietenden Gelegenheit versetzen.

Lesen Sie Ziffer 34

Ziffer 9

Welche der folgenden Möglichkeiten werden Sie wählen, um Herrn Alt wegen seiner Abwesenheit zur Rede zu stellen?

A) Sie erklären ihm, wie sehr die Produktionsleistung davon abhängig sei, inwieweit die Mitarbeiter pünktlich und regelmäßig zur Arbeit kommen. Sie versuchen, ihm klarzumachen, welche Folgen es hätte, wenn jeder am Montag fehlen würde. Sie ermahnen ihn dringend, sich zu bessern.

Lesen Sie Ziffer 10

B) Sie sagen ihm, daß seine privaten Angelegenheiten Sie nichts angingen; Ihre Aufgabe sei es, sich um die Produktion zu kümmern. Sie sagen ihm, daß er sich anzupassen habe oder eben die Konsequenzen tragen müsse.

Lesen Sie Ziffer 24

C) Um ihn nicht einer peinlichen Situation auszusetzen, warten Sie, bis er die Angelegenheit selbst zur Sprache bringt. **Lesen Sie Ziffer 16**

D) Sie fragen ihn nach seinen Problemen. **Lesen Sie Ziffer 12**

E) Sie sind ihm gegenüber freundlich, teilen ihm aber mit, daß er eine schriftliche Verwarnung erhalten würde und daß sein Verhalten im nächsten Monat tadellos zu sein habe. **Lesen Sie Ziffer 17**

F) Sie teilen ihm mit, daß Sie seine Entlassung beantragt hätten.

Lesen Sie Ziffer 25

Ziffer 10

Max Alt sagt: „So etwas wird nicht mehr vorkommen."

Am darauffolgenden Montag jedoch fehlt er wieder. Er wird von seiner Frau telefonisch entschuldigt, die sagt, daß er krank sei. Ihre Stimme klingt sonderlich, so, als ob sie getrunken hätte.

Was werden Sie tun?

A) Sie rufen bei ihm zu Hause an, um festzustellen, ob er tatsächlich krank ist. **Lesen Sie Ziffer 14**

B) Sie schicken ihm ein paar Blumen mit den besten Wünschen für eine baldige Genesung. **Lesen Sie Ziffer 27**

C) Sie fragen ein paar Männer Ihrer Gruppe, ob Sie wüßten, welche Sorgen der Kollege Alt habe (wenn Sie das nicht schon vorher getan haben).

Lesen Sie Ziffer 4

D) Sie warten, bis Herr Alt wieder zurück ist, um ihn zur Rede zu stellen.

Lesen Sie Ziffer 26

E) Sie schalten die Personalabteilung ein, damit diese Ihnen weiterhilft.

Lesen Sie Ziffer 40

Ziffer 11

Sie haben sich dazu entschlossen, das Problem mit Ihrem Vorgesetzten zu besprechen, bevor Sie irgend etwas unternehmen. Er sagt:

"Nein, Max Alt ist mir nicht bekannt, mir ist aber bekannt, wie sehr wir von unserem Produktionsplan abweichen. Wir haben dieses Problem erst neulich auf einer Konferenz der Betriebsleiter eingehend erörtert, und ich möchte bei Gott keine solche Konferenz mehr mitmachen. Es war aufreibend. Gehen Sie wieder an Ihren Arbeitsplatz und bringen Sie Ihre Leute auf Vordermann. Es sieht so aus, als ob wir dieses Wochenende wieder mit Überstunden rechnen müssen, um unseren Produktionsplan einzuhalten. Es ist erschreckend, wie hoch unsere Kosten sind."

**Gehen Sie zurück zu Ziffer 1,
und entscheiden Sie sich für ein anderes Verhalten.**

Ziffer 12

Sie haben Max Alt gefragt, welche Schwierigkeiten er habe. Er antwortet: „Eigentlich sind dies persönliche Dinge, und ich möchte lieber nicht darüber sprechen, wenn es Ihnen recht ist."

Wie werden Sie sich verhalten?

A) Sie erklären ihm, daß Sie seine Entlassung beantragt hätten.

Lesen Sie Ziffer 25

B) Sie fragen Herrn Alt, ob er tatsächlich an drei der letzten vier Montage krank gewesen sei.

Lesen Sie Ziffer 6

C) Sie sagen ihm, daß seine privaten Angelegenheiten Sie nichts angingen; Ihre Aufgabe sei es, sich um die Produktion zu kümmern. Sie sagen ihm, daß er sich anzupassen habe oder eben die Konsequenzen tragen müsse.

Lesen Sie Ziffer 24

D) Sie sind ihm gegenüber freundlich, etc. vgl. Sie Ziffer 9, E.

Lesen Sie Ziffer 17

E) Sie sagen etwa: „Herr Alt, ich mische mich nicht in Dinge ein, die mich nichts angehen, aber Sie müssen einsehen, daß Ihr Fehlen Ihre Arbeitsleistung nachträglich beeinflußt. Ich mache mir deshalb Sorgen, und ich weiß, daß Sie es auch tun." **Lesen Sie Ziffer 28**

Ziffer 13

Sie haben Max Alt erklärt, daß Sie derjenige sind, der die Verantwortung trägt und daß er diese Tatsache zu respektieren habe. Er antwortet:

„Etwas, das ich respektiere, das bin ich! So sehr respektiere, als daß ich hier nicht noch länger bleiben könnte. – Ich kündige!"

Herr Alt geht daraufhin.

Wie ist Ihnen in diesem Augenblick zumute?

A) Sie spüren, daß Sie dieses Problem irgendwie anders hätten lösen können. Wenn Sie glauben, daß es einen anderen Weg geben könnte und Sie noch einmal die Chance wahrnehmen möchten, so gehen Sie wieder auf **Ziffer 9** zurück, und wählen Sie ein neues Verhalten.

B) Sie sind der Ansicht, daß Sie das getan haben, was jeder andere in Ihrer Lage auch getan hätte, um diesen Mann zur Ordnung zu ermahnen und um klarzustellen, wer hier eigentlich der Chef ist. In diesem Fall ist das **Training für Sie vorbei.** Legen Sie diese Fallstudie ruhig beiseite.

Ziffer 14

Sie rufen bei Max Alt zu Hause an, um festzustellen, ob er tatsächlich krank ist. Sie können niemanden erreichen.

Ihre Reaktion:

A) Sie rufen in regelmäßigen Abständen immer wieder an.

Lesen Sie Ziffer 5

B) Sie bitten die Personalabteilung, in regelmäßigen Abständen anzurufen.

Lesen Sie Ziffer 21

C) Sie warten mit der Klärung der ganzen Angelegenheit, bis Herr Alt wiederkommt. **Lesen Sie Ziffer 26**

Ziffer 15

Sie geben Max Alt die Antwort: „Sie sprachen darüber mit Ihrer Frau?". Er sagt: „Jawohl, aber sie ist so in ihre zwei Kinder vernarrt, daß sie nichts einsehen wollte. Ich wußte, daß ich Schwierigkeiten haben werde, wenn ich eine Witwe mit zwei Kindern heirate, aber so etwas habe ich nicht erwartet."

Wie werden Sie sich daraufhin verhalten?

A) Sie sagen: „ Ich bin froh, daß Sie den Ernst der Lage erkennen, und ich hoffe, daß Sie dies auch Ihrer Frau verständlich machen können. Ich hoffe, Herr Alt, daß soetwas nicht wieder vorkommt."

Lesen Sie Ziffer 10

B) Sie sagen: „ Es ist keine Kleinigkeit, mit einer Witwe verheiratet zu sein, die zwei beinahe erwachsene Kinder mit in die Ehe bringt."

Lesen Sie Ziffer 33

C) Sie sagen nichts und warten ab, wie Max Alt fortfährt.

Lesen Sie Ziffer 18

Ziffer 16

Sie haben beschlossen zu warten, bis Max Alt die Sache von selbst zur Sprache bringt. Dies geschieht jedoch nicht. In den darauffolgenden zwei Wochen ist er jeden Tag anwesend. Montag und Dienstag der nächsten Woche und heute (Montag) fehlt er wieder.

Wie werden Sie sich verhalten (falls er kommt)?

**Gehen Sie wieder auf Ziffer 9 zurück,
und entscheiden Sie sich für ein neues Verhalten.**

Ziffer 17

Sie haben eine schriftliche Verwarnung an Max Alt veranlaßt mit dem Hinweis, daß man im nächsten Monat ein tadelloses Verhalten von ihm erwartet. Herr Alt fehlt daraufhin die ersten beiden Montage des nächsten Monats.

Wie werden Sie sich nun verhalten?

A) Sic weisen Herrn Alt darauf hin, welche Maßnahmen Sie ergreifen werden, wenn er an einem der nächsten Montage wiederum fehlen würde.

Lesen Sie Ziffer 35

B) Sie warten ab, ob Herr Alt den Rest des Monats regelmäßig anwesend ist.

Lesen Sie Ziffer 37

C) Sie lassen Herrn Alt bei der ersten sich bietenden Gelegenheit versetzen.

Lesen Sie Ziffer 34

D) Sie sagen ihm, Sie wollten sich in seine privaten Angelegenheiten nicht einmischen, hätten aber bemerkt, daß sein Fehlen seine Arbeitsleistung beeinträchtigen würde.

Lesen Sie Ziffer 28

E) Sie sagen zu Herrn Alt: „Ich hoffe, daß Sie sich den Rest des Monats tadellos verhalten werden." Sie warten ab, ob er dann noch einmal fehlt.

Lesen Sie Ziffer 37

Ziffer 18

Sie haben beschlossen, nichts zu erwidern, sondern abzuwarten, wie Max Alt fortfährt:

„Martha, meine Frau, hat eine verheiratete Tochter, die noch keine zwanzig Jahre alt ist. Ich nehme an, daß ihre Ehe auseinandergeht. Der Junge meiner Frau, der zwei Jahre jünger ist als seine Schwester, soll bei uns leben. In den vergangenen zwei Monaten aber ist er zweimal fortgelaufen. Alles spielt sich ausgerechnet am Wochenende ab. Zuerst kommt die Tochter nach Hause, wütend auf ihren Mann, wenig später erscheint er, und beide streiten bei uns weiter. Manchmal versöhnen sie sich wieder und gehen dann gemeinsam nach Hause zurück, manchmal aber auch nicht.

Als nächstes läuft der Junge davon, und die Polizei ruft an, um mir mitzuteilen, wo er abzuholen ist.

Letzten Sonntag mußte ich um Mitternacht in eine andere Stadt fahren, um ihn von der dortigen Polizei zu holen. Ich kam erst gestern um 8 Uhr abends zurück.

All diese Aufregungen an den Wochenenden sind für Martha eine große Belastung. Ich glaube, sie ist gerade in den „Wechseljahren". An einigen Montagen war sie so krank und außer sich, daß ich sie nicht allein lassen konnte. Aber ich weiß genau, daß ich Ihnen dadurch im Betrieb Schwierigkeiten bereite. Ich hoffe aber, daß ich den Arbeitsausfall bald wieder aufgeholt habe".

Wie werden Sie sich entscheiden?

A) Sie sagen zu Herrn Alt, daß Sie seine Schwierigkeiten verstehen und vorerst einmal zwei Wochen warten würden, um zu sehen, wie die Dinge dann stünden.

Lesen Sie Ziffer 22

B) Sie erklären ihm, daß seine privaten Angelegenheiten Sie nichts angingen; Ihre Aufgabe sei es, sich um die Produktion zu kümmern. Sie sagen ihm, daß er sich anzupassen habe oder eben die Konsequenzen tragen müsse.

Lesen Sie Ziffer 24

C) Sie schlagen ihm vor, daß er seine Probleme seinem Hausarzt oder seinem Pfarrer vortragen sollte.

Lesen Sie Ziffer 41

D) Sie sagen Herrn Alt, daß Sie eine schriftliche Verwarnung an ihn veranlaßt hätten, mit der Maßgabe, daß er sich im nächsten Monat tadellos zu verhalten habe.

Lesen Sie Ziffer 17

Ziffer 19

Nach diesem Vorfall scheinen sich in den darauffolgenden Tagen die Gemüter beruhigt zu haben, und es fällt Ihnen lediglich einmal ein lautes Gelächter in der Nähe Alt's auf.

Sie müssen am kommenden Wochenende zwei Drittel Ihrer Leute zu Überstunden einteilen. Was würden Sie tun?

A) Sie vermeiden stillschweigend, Max Alt zu Überstunden einzuteilen.

Lesen Sie Ziffer 30

B) Sie teilen Max Alt nicht ein, sagen ihm aber, daß er in Zukunft, wenn er ein entsprechendes Verhalten zeige, wieder zu Überstunden herangezogen werden könne. **Lesen Sie Ziffer 32**

C) Sie teilen Max Alt zu Überstunden ein, sagen ihm aber, daß Sie von ihm erwarten, daß er tüchtig 'rangehe. Sie machen ihm klar, wie wichtig die Leistung jedes einzelnen sei. **Lesen Sie Ziffer 10**

D) Sie rufen Herrn Alt zu sich und erklären, ihm dabei helfen zu wollen, pünktlich und regelmäßig anwesend zu sein, da die häufige Abwesenheit seine Arbeitsleistung beeinträchtige. Sie hätten ihn aus diesem Grunde nicht zu Überstunden eingeteilt, da Sie der Annahme seien, daß diese seine Probleme vergrößern würden. **Lesen Sie Ziffer 28**

Ziffer 20

Sie haben Max Alt davor gewarnt, daß Sie bei weiteren Äußerungen dieser Art gezwungen seien, strenger durchzugreifen. Er antwortet: „Genau dies meine ich damit, wenn ich sage, daß alle auf meiner Nase herumtanzen. Das brauche ich mir von Ihnen nicht gefallen zu lassen. Ich kündige!" Herr Alt verläßt Sie mit Tränen in den Augen.

Wie ist Ihnen in diesem Augenblick zumute?

A) Sie spüren, daß Sie dieses Problem irgendwie anders hätten lösen können. Wenn Sie glauben, daß es einen anderen Weg geben könnte und Sie noch einmal eine Chance wahrnehmen möchten, so gehen Sie wieder auf **Ziffer 9** zurück, und wählen Sie ein neues Verhalten.

B) Sie sind der Ansicht, daß Sie das getan haben, was jeder andere in Ihrer Lage auch getan hätte, um diesen Mann zur Ordnung zu rufen und um klarzustellen, wer hier eigentlich der Chef ist. In diesem Fall ist das **Training für Sie vorbei**. Legen Sie die Fallstudie ruhig zur Seite.

Ziffer 21

Sie haben die Personalabteilung gebeten, in regelmäßigen Abständen bei Max Alt anzurufen. Um drei Uhr nachmittags werden Sie verständigt, daß Herr Alt nicht zu erreichen war.

Wie werden Sie sich Herrn Alt gegenüber am Dienstag verhalten, wenn er zur Arbeit kommt?

Gehen Sie wieder auf Ziffer 9 zurück, und entscheiden Sie sich für eine der dort angegebenen Verhaltensmöglichkeiten.

Ziffer 22

Jetzt, da Herr Alt über die Probleme, die im wesentlichen seine montägige Abwesenheit verursacht hatten, gesprochen hat, sind einige Bemerkungen angebracht:

Für das menschliche Problem, das hier angeschnitten wurde, gibt es keine handfeste Lösung; genausowenig, wie man diese im „wirklichen" Leben finden wird. Ein Werkmeister wird im Umgang mit seinen Mitarbeitern, mit seinen Kollegen und mit seinen Vorgesetzten täglich mit ähnlichen Problemen konfrontiert werden. Wie er sich im allgemeinen verhält und wie er handelt, wird häufig entscheidend dafür sein, in welcher Art und Weise diese Probleme gelöst werden.

Der Fall „Max Alt" wirft einige interessante Fragen auf, die im folgenden zu erörtern sind:

1. Ist es jetzt, da Sie die Probleme Alts kennen, für Sie einfacher oder schwieriger, die Situation zu meistern?

2. Sind Sie der Meinung, daß der Betrieb Verständnis zeigen und Herrn Alt Zeit geben sollte, um mit seinen Schwierigkeiten fertig zu werden?

3. Glauben Sie, daß es für Herrn Alt eine Hilfe wäre, wenn er mit Ihnen über seine Schwierigkeiten sprechen könnte?

4. Wissen Sie, wo Herr Alt im Betrieb oder in der Gemeinde um Hilfe bitten könnte?

Ende der Übung „Max Alt"

Ziffer 23

Der Angehörige des Betriebsrates aus Ihrer Abteilung sagt: „Ja, nun, die Geschichte des Kollegen Alt erschien mir ziemlich ungereimt. Warum sprechen Sie nicht selbst mit ihm. Irgendwie wird die Angelegenheit sicher in Ordnung zu bringen sein. Ich wüßte nicht, warum ich bei der Unterredung zugegen sein sollte."

Lesen Sie wieder Ziffer 8

Für welche der dort angegebenen Möglichkeiten werden Sie sich entscheiden, wenn Sie mit Max Alt sprechen?

Ziffer 24

Nach dieser Bemerkung sagt Herr Alt im Augenblick nichts weiter, sondern kehrt zu seiner Arbeit zurück.

Am Nachmittag desselben Tages kommt einer der Männer zu Ihnen und macht Sie darauf aufmerksam, daß Kollege Alt allen Männern der Gruppe erzählt hat, wie gemein Sie ihn behandelt hätten. Etwas später gehen Sie an Herrn Alt vorbei und fangen zufällig eine Handbewegung auf, die er hinter Ihrem Rücken gemacht hat, über die die anderen Männer der Gruppe lachen. Als Sie sich umdrehen, arbeitet Herr Alt bereits wieder.

Wie werden Sie nun vorgehen?

A) Sie unternehmen nichts, behalten aber auf Ihren Kontrollgängen Max Alt im Auge.

Lesen Sie Ziffer 19

B) Sie fragen die Mitarbeiter, die eben gelacht hatten, was es denn Lustiges zu sehen gebe.

Lesen Sie Ziffer 2

C) Sie machen Herrn Alt darauf aufmerksam, daß er lieber an seine Arbeit denken sollte, als hinter Ihrem Rücken Handbewegungen zu machen und über Sie zu reden. Dann setzen Sie Ihren Kontrollgang fort.

Lesen Sie Ziffer 19

D) Sie rufen Max Alt an einen Ort, wo Sie ungestört mit ihm sprechen können und fragen ihn, was denn in ihm vorgehe.

Lesen Sie Ziffer 8

E) Sie sagen Herrn Alt, daß Sie seine Entlassung beantragen werden.

Lesen Sie Ziffer 25

Ziffer 25

Sie haben die Entlassung von Max Alt durchgesetzt.

Glauben Sie, daß Sie ohne vorherige Warnung so weit gehen konnten? Ich würde sagen: Nein! Auf jeden Fall aber sind hier noch einige Fragen für Sie.

1. Könnte dieser Schritt Schwierigkeiten mit anderen Männern der Gruppe heraufbeschwören?

2. Ist es Ihnen möglich, sich in Max Alts Lage zu versetzen?

3. Haben Sie Herrn Alt gegenüber zugegeben, daß Sie nicht recht wußten, was Sie mit seinen Problemen anfangen sollten?

4. Hätten Sie gerne mehr über Max Alt gewußt?

Wenn Sie irgendeine dieser Fragen mit „ja" beantworten, gestehen Sie möglicherweise ein, daß Sie auf dem Gebiet der Menschenführung noch etwas lernen können. Wenn dies der Fall ist, so lesen Sie bitte die Ziffer, die Sie vor der Ziffer 25 gelesen haben, und entscheiden Sie sich für eine andere Verhaltensmöglichkeit.

Wenn Sie alle vier Fragen mit „nein" beantworten, so sind Sie von der Richtigkeit Ihrer Handlungsweise offensichtlich sehr überzeugt. Sie können bei diesem Training nichts mehr lernen.

Legen Sie diese Fallstudie ruhig beiseite.

Ziffer 26

Sie haben beschlossen, bis zu Max Alts Rückkehr zu warten, um mit ihm zu sprechen.

**Lesen Sie wieder Ziffer 9,
und wählen Sie eine neue Verhaltensmöglichkeit.**

Ziffer 27

Sie haben beschlossen, Max Alt ein paar Blumen zu senden, mit den besten Wünschen für eine baldige Genesung. Bei seiner Rückkehr am Dienstag erwähnt Herr Alt die Blumen nicht.

Wie werden Sie sich nun Herrn Alt gegenüber verhalten?

**Lesen Sie wieder Ziffer 9,
und wählen Sie eine neue Verhaltensmöglichkeit.**

Ziffer 28

Sie haben Herrn Alt erklärt, daß Sie sich nicht in seine Privatangelegenheiten einmischen wollten, daß Sie aber in Sorge seien, da sein Fehlen seine Arbeitsleistung beeinträchtigt. Er antwortet: „Ich weiß, daß Sie in Sorge sind; ich mache mir ebenfalls Sorgen. Es tut mir leid, daß dies geschehen ist, aber was hätte ich machen sollen? Ich habe zu meiner Frau gesagt, daß ich meine Arbeit verliere, wenn dies so weitergeht."

Wie werden Sie sich daraufhin verhalten?

A) Sie sagen: „Ich bin froh, daß Sie den Ernst der Lage erkennen, und ich hoffe, daß Sie dies auch Ihrer Frau klarmachen können. Herr Alt, ich hoffe, daß Sie sich anstrengen, damit dies nicht noch einmal vorkommt?"

Lesen Sie Ziffer 10

B) Sie sagen: „So, Sie haben die Angelegenheit mit Ihrer Frau besprochen?"

Lesen Sie Ziffer 15

C) Sie sagen nichts und warten ab, wie Max Alt fortfährt.

Lesen Sie Ziffer 18

D) Sie versuchen, Herrn Alt zu beeindrucken, indem Sie ihm klarmachen, wie wichtig seine regelmäßige Anwesenheit im Betrieb sei. Sie warnen ihn, daß er sich bessern müsse oder eben die Konsequenzen zu tragen habe. **Lesen Sie Ziffer 35**

Ziffer 29

Sie haben die schriftliche Verwarnung an Max Alt zurückziehen lassen. Gleichzeitig sagen Sie ihm, Sie rechneten damit, daß er das vorbildliche Verhalten, das er im letzten Monat gezeigt habe, auch in Zukunft beibehalten würde.

Es ist möglich, daß Herr Alt an den folgenden Montagen wieder fehlt. Sollte er wieder fehlen, so ist dies ein neues Problem.

Haben Sie sich je gefragt, wie das Problem, das Max Alt beschäftigt, aussehen könnte? Andere Lösungswege haben dahingeführt, daß er Ihnen von seinen Problemen erzählt. Es würde Sie vielleicht interessieren, was er zu berichten hat. Wenn dies der Fall ist, so lesen Sie Ziffer 18.

Lesen Sie als nächstes Ziffer 22.
Wir werden an dieser Stelle weitere Fragen an Sie richten.

Ziffer 30

Sie haben beschlossen, Max Alt nicht zu Überstunden einzuteilen, ohne ihn aber direkt darauf anzusprechen. Die anderen Männer werden von Ihnen verständigt, daß sie für zusätzliche Arbeit am Wochenende vorgesehen seien.

Lesen Sie Ziffer 36

Ziffer 31

Nachdem Max Alt den Rest des Monats jeden Montag anwesend war, ermuntern Sie ihn, weiterhin so gut zu arbeiten. Er antwortet: „ Gewiß, ich versuche es."

Herr Alt kommt in den nächsten Wochen regelmäßig zur Arbeit, einschließlich der Überstunden, für die Sie ihn vorgesehen haben.

Was werden Sie tun, wenn die Zeit abgelaufen ist?

A) Sie unternehmen nichts.

Lesen Sie Ziffer 39

B) Sie sagen zu Herrn Alt, daß Sie die schriftliche Verwarnung zurückziehen lassen würden und hofften, daß er sich in Zukunft so ordentlich wie bisher verhalten würde.

Lesen Sie Ziffer 29

Ziffer 32

Sie haben beschlossen, Max Alt das nächste Wochenende nicht für Überstunden vorzusehen, erklären ihm aber, daß er in Zukunft wieder eingeteilt werden könne, wenn er sich ordentlich verhalte.

Herr Alt sagt nichts, sondern geht zu seiner Arbeit zurück.

Lesen Sie Ziffer 36

Ziffer 33

Sie bemerkten Herrn Alt gegenüber, wie schwierig es doch sein müsse, mit einer Witwe verheiratet zu sein, die zwei Kinder mit in die Ehe brachte. Er antwortet: „Mein Gott, das ist wahr!" Er seufzt tief.

Wie werden Sie sich verhalten?

A) Sie sagen: „Ich bin froh, daß Sie den Ernst der Lage erkennen, und ich hoffe, daß Sie dies auch Ihrer Frau klarmachen können. Herr Alt, ich hoffe, daß Sie sich anstrengen, damit dies nicht noch einmal vorkommt."

Lesen Sie Ziffer 10

B) Sie sagen nichts, sondern warten ab, wie Herr Alt fortfährt.

Lesen Sie Ziffer 18

Ziffer 34

Sie haben Max Alt bei der ersten Gelegenheit versetzen lassen. Sie sind so Ihr Problem auf angenehme Weise losgeworden, nicht wahr?

Aber wie steht es mit der Gesellschaft, deren Schicksal Sie als Führungskraft mitgestalten? Haben Sie Ihre Verantwortlichkeit als Führungskraft erfüllt?

Lesen Sie wieder die Ziffer, die Sie vor Ziffer 34 gelesen haben, und entscheiden Sie sich für einen anderen Weg.

Ziffer 35

Sie haben Max Alt vor den Folgen weiteren Fehlens an Montagen gewarnt. Er ist am nächsten Montag anwesend.

Am nächsten Montag sehen Sie, daß Max Alt bedrückt und fiebrig aussieht. Als Sie ihn danach fragen, ob er irgendwelche Sorgen habe, antwortet er, daß er sich ziemlich elend fühle. Sie lassen ihn zum betriebsärztlichen Dienst bringen. Dort schickt man ihn nach Hause. Herr Alt benachrichtigt Sie, daß er hohes Fieber habe und mit einer schweren Grippe zu Bett liege.

Später wird Ihnen erzählt, daß Herr Alt im betriebsärztlichen Dienst den Schwestern gegenüber geäußert habe, er befürchte, entlassen zu werden, wenn er zu Hause bliebe. Herr Alt ist sechs Tage krank.

Wie werden Sie sich verhalten, wenn Herr Alt wieder arbeitet?

A) Sie sagen ihm, daß Sie trotz seiner Krankheit die schriftliche Verwarnung nicht hätten zurückziehen lassen und er sich bessern solle.

Lesen Sie Ziffer 24

B) Sie sagen ihm, daß Sie „reinen Tisch machen wollen" und hoffen, daß Sie in Zukunft keine Schwierigkeiten mehr mit ihm hätten.

Lesen Sie Ziffer 10

C) Sie bedauern Herrn Alt wegen seiner Krankheit und sagen ihm, daß Sie sich nicht in seine Privatangelegenheiten mischen wollten, es Sie aber interessieren würde, ob die Schwierigkeiten, die mit seiner Abwesenheit an verschiedenen Montagen zusammenhingen, beseitigt seien.

Lesen Sie Ziffer 28

D) Sie sprechen Max Alt diesbezüglich nicht an.

Lesen Sie Ziffer 36

Ziffer 36

Nachmittags werden Sie vom Mitglied des Betriebsrates in Ihrer Abteilung darauf angesprochen, daß der Kollege Alt sich beschwert habe, von Ihnen ungerecht behandelt zu werden.

Werden Sie

A) darauf bestehen, daß die Beschwerde schriftlich eingereicht werde – Sie finden die Beschwerde lächerlich – und zur Schlichtung der Angelegenheit der Instanzenweg beschritten werde? **Lesen Sie Ziffer 38**

B) diesem Mann die Situation erklären und ihm sagen, daß Sie die Angelegenheit mit Herrn Alt besprechen wollten. Er könne zugegen sein, wenn er und Herr Alt das wünschten. **Lesen Sie Ziffer 23**

Ziffer 37

Sie haben abgewartet, ob Max Alt den Rest des Monats noch einmal abwesend ist. Dies ist nicht der Fall.

Was würden Sie in der Lage unternehmen?

A) Die Sache ist für Sie erledigt. **Lesen Sie Ziffer 39**

B) Sie ermuntern Herrn Alt dazu, weiterhin so ordentlich zu arbeiten. **Lesen Sie Ziffer 31**

C) Sie sagen Herrn Alt, daß Sie die schriftliche Verwarnung zurückziehen lassen würden und hofften, daß er sich auch in Zukunft wie bisher verhalten würde. **Lesen Sie Ziffer 29**

Ziffer 38

Sie bestanden darauf, daß die Beschwerde schriftlich eingereicht wird. Am darauffolgenden Tag kommt der Mittelsmann zwischen Ihnen und Max Alt, der dem Betriebsrat angehört, mit einem langen Beschwerdeschreiben zu Ihnen, das nicht nur Alts Bemerkungen enthält, sondern auch die Aussagen einiger anderer Männer Ihrer Gruppe. Nachdem Sie den Brief durchgesehen haben, sind Sie davon überzeugt, daß jede weitere Diskussion sinnlos ist, und Sie unterzeichnen ihn. Die Sache wird somit weitergehen.

Was haben Sie nun erreicht? Möglicherweise bekommen Sie wegen Alts Abwesenheit recht. Aber dies ist ein langer Weg. Sicherlich wird diese Lösung auch nicht die Beziehung zu Ihren Leuten verbessern – und außerdem haben Sie das Problem Max Alt damit nicht gelöst.

Wie ist Ihnen nun zumute?

A) Sie sind der Ansicht, daß Sie das getan haben, was jeder andere in Ihrer Lage auch getan hätte, um diesen Mann zur Ordnung zu rufen und um klarzustellen, wer hier eigentlich der Chef ist.

Wenn Sie so urteilen, können Sie diese Fallstudie beiseite legen.

B) Sie spüren, daß irgendeine andere Lösung möglich gewesen wäre. Wenn Sie glauben, daß es einen anderen Weg geben könnte und Sie noch einmal eine Chance wahrnehmen möchten,

Gehen Sie wieder zu Ziffer 9 zurück, und wählen Sie Ihr Verhalten neu.

Ziffer 39

Sie unternehmen nichts, da Max Alt den Rest des Monats regelmäßig anwesend ist.

Warum nicht? Herr Alt versucht anscheinend, sich Ihnen von seiner besten Seite zu zeigen. Ein Prinzip der Menschenführung ist, daß Sie gutes Verhalten anerkennen müssen.

Lesen Sie wieder die Ziffer, die Sie vor der Ziffer 39 gelesen haben, und treffen Sie Ihre Verhaltensentscheidung neu.

Ziffer 40

Sie haben die Personalleitung eingeschaltet. Man kann Ihnen jedoch nicht weiterhelfen, da Sie außerstande sind, klar zu sagen, was nun eigentlich das Problem Max Alt ist.

Sie beschließen dann, mit Herrn Alt selbst zu sprechen.

**Lesen Sie wieder Ziffer 9,
und entscheiden Sie sich dann für eine neue Verhaltensmöglichkeit.**

Ziffer 41

Sie haben Max Alt vorgeschlagen, daß er mit seinem Problem zu seinem Hausarzt oder Pfarrer gehen solle.

Er antwortet daraufhin:

„Ja, meine Familie geht eigentlich nicht zur Kirche, und wir haben auch keinen Hausarzt."

**Lesen Sie Ziffer 18,
und wählen Sie einen anderen Weg.**

Anmerkungen zum Fall „Max Alt":

Wer sich die Mühe macht, alle möglichen Schritte dieses Falles zu lesen, wird feststellen, daß für diese Übung nicht nur ein einziges Ende möglich ist. Wer in seiner Reise durch diesen hervorragenden Fall bei Schritt 22 angekommen ist, hat nicht nur ein mögliches Ende, sondern auch die Lösung erreicht. Wer sogar die folgende Reihenfolge beschritten hat, hat somit auch den kürzesten und optimalen Weg gewählt.

$$1 \Rightarrow 9 \Rightarrow 12 \Rightarrow 28 \Rightarrow 18 \Rightarrow 22$$

Ein mögliches Ende des Falles ist nach einer direktiven Vorgehensweise die Einleitung der Entlassung von Herrn Alt. Bei dieser Vorgehensweise haben Sie aber durch Ihr Verhalten die Möglichkeit verspielt, die wahren Ursachen für die Fehlzeiten von Herrn Alt zu erfahren und in ihm für die Zukunft wieder einen motivierten und engagierten Mitarbeiter zu haben. Statt dessen entledigen Sie sich des „Problems" Max Alt und warten hoffnungsfroh auf

einen neuen und aus Ihrer Sicht besseren Mitarbeiter. Der Weg der Kündigung und Entlassung kann möglicherweise viel mühevoller und destruktiver
für beide Seiten sein als das offene und ehrliche Gespräch, das auch zwischen Mitarbeitern und Vorgesetzten stattfinden kann. Sollten Sie in dieser
Übung bei der Entlassung angelangt sein, bitte ich Sie, die oben genannten
Schritte von 9 bis 22 nachzulesen. Dann sollten Sie vielleicht das Buch aus
der Hand legen und ein paar Tage über die beiden möglichen Wege nachden-
ken.

6. Seminare zum Rückkehrgespräch

Nicht selten wird versucht, das Rückkehrgespräch ohne begleitende Schulungsmaßnahmen einzuführen, um Kosten für entsprechende Weiterbildungsmaßnahmen einzusparen. In der Regel geht der Schuß aber nach hinten los. Die Gespräche werden viel zu direktiv und der Sensibilität der Thematik nicht entsprechend behutsam geführt. Das allgemeine Betriebsklima verschlechtert sich gewöhnlich, und entweder die Fehlzeiten steigen langfristig sogar an, oder die Mitarbeiter versuchen, in anderen Möglichkeiten ein Ventil für ihren Unmut zu finden (z. B. durch nachlassende Qualität).

PersonalleiterInnen, die sich zunächst mit der Entscheidung für Seminarveranstaltungen schwer taten, erzählen dann später in etwa folgendes:

„Ich hätte damals nicht gedacht, daß sich die Fehlzeiten quasi sofort und dann auch noch so deutlich nach unten bewegen würden. Damals sah ich erst nur die Investition und konnte mir nicht vorstellen, daß das Pay-back derart ausfallen würde, daß die Kosten für die Seminare nur ein Bruchteil der Summe sind, die wir schon in einem Jahr eingespart haben."

Rainer Bürger, Personalleiter bei der Firma Gestra in Bremen, führt folgende Erfolge auf, die sich nach einem Fehlzeitenprojekt, das aus einer umfassenden Bestandsaufnahme der betrieblichen Fehlzeitenursachen und einem Prozeß der Maßnahmenentwicklung und -umsetzung durch eine Projektgruppe sowie durch die Einführung der Rückkehrgespräche bestand, schon ein Jahr später ergeben hatten[11].

- Senkung des Krankenstandes um ca. 22%. Von durchschnittlich 53 000 Ausfallstunden jährlich innerhalb der letzten 5 Jahre auf 41 000, wobei fast jeder Monat unterhalb der Vergleichsmonate der letzten 5 Jahre liegt.
- Verbesserte Mitarbeiterführung der Vorgesetzten
- Es findet eine wesentlich verbesserte Kommunikation zwischen Mitarbeitern und Vorgesetzten statt, die ihren Niederschlag in Teambesprechungen zur kontinuierlichen Verbesserung der Ist-Situation findet.
- Durch die Einbindung der Mitarbeiter in Entscheidungsprozesse erreichten wir auch eine erhöhte Motivation. (O-Ton: „... Endlich werden wir mal gehört.")

---

11 *Bürger, R./Bitzer, B.:* Das Projekt „Intelligente Menschenführung", in Personal 7/97, S. 426 ff.

- Die Ausgaben für Berater einschließlich der Arbeitssituationserfassung[12] und der Seminare wurden bereits im ersten Jahr mehrfach wieder „eingespielt".

6.1 Zielsetzungen für Seminarveranstaltungen zum Rückkehrgespräch

Nicht nur für Rückkehrgespräche, sondern auch für Seminare gilt, daß man sich Ziele setzen sollte.

Zielsetzungen für Seminarveranstaltungen zum Rückkehrgespräch

- Bewußtsein für die Problematik „Fehlzeiten" wecken bzw. verstärken.
- Zusammenhänge zwischen „Fehlzeiten" und „Führung" kennenlernen.
- Das Mitarbeitergespräch zur Motivation der Mitarbeiter als wichtigste Führungsaufgabe erkennen.
- Kommunikation als gegenseitigen Akt und die damit verbundenen Schwierigkeiten und Probleme verdeutlichen.
- Verbesserung der Gesprächsführung mit Mitarbeitern allgemein und insbesondere mit Mitarbeitern, die aus einer Krankheit zurückkehren (sog. Rückkehrgespräch).
- Sicherheit in Gesprächssituationen.
- Kommunikation der Teilnehmergruppe untereinander verbessern.
- Positive Effekte für das Betriebsklima und die Zusammenarbeit.
- Erarbeiten eines Gesprächsleitfadens für die betriebliche Praxis.

Werden diese Ziele durch die Seminare erreicht, bestehen optimale Voraussetzungen dafür, daß sich automatisch die Fehlzeiten reduzieren – womit dann auch das vorrangige Ziel aus Unternehmenssicht eingelöst ist.

---

12 Die Arbeitssituationserfassung ist überaus gut für die Ursachenanalyse von Fehlzeiten geeignet und detaillierter in der Zeitschrift Personal 1–2/91, S. 6 ff. beschrieben.

6.2 Trainerauswahl

Bei Schulungsmaßnahmen zum Rückkehrgespräch kommt es darauf an, die Teilnehmer von der richtigen Vorgehensweise bzw. Gesprächsführung zu überzeugen. Dies kann ein mühevoller und anstrengender Weg sein. Sofern auch Sie mit Überlegungen beschäftigt sein sollten, Trainer für diese Aufgabe zu bestimmen, sollten Sie sowohl auf das inhaltliche Konzept achten als auch auf die Person (bzw. Persönlichkeit) des Trainers.

Als Trainer sollten Sie jemanden auswählen, der die Sprache derjenigen Ihrer Kollegen und/oder Mitarbeiter spricht, die später hauptsächlich die Rückkehrgespräche führen sollen (in der Regel sind dies alle Vorgesetzten mit Personalverantwortung).

In der Tat sollten Unternehmen und ihre Betriebsräte bei der Auswahl ihrer Trainer sorgfältig vorgehen und voreilige Entscheidungen vermeiden. Auch bei den Trainern und deren Konzepten gibt es unterschiedliche Ansätze. Einige unterscheiden sich von dem hier skizzierten beinahe konträr. Die beste Möglichkeit, um Fehlgriffe mit Fehlzeitentrainern zu vermeiden, besteht darin, zunächst *nur eine Seminarrunde für eine Gruppe* betrieblicher Vorgesetzter zu vereinbaren. Nach dieser Pilotveranstaltung kann in den meisten Fällen festgestellt werden, ob der Trainer mit seinem Konzept auf die Bedürfnisse der Teilnehmer und des Unternehmens eingehen kann oder ob er eher ein Selbstdarsteller und vielleicht zusätzlich vom Denken und Fühlen seiner Teilnehmer viel zu weit entfernt ist, um eine gemeinsame Sprache zu sprechen. Bei der Trainerauswahl sollte auch die Arbeitnehmervertretung involviert sein, indem ein Betriebsratsmitglied an der Pilotveranstaltung teilnimmt. Sind sowohl die Unternehmensseite als auch die Vorgesetzten und der Betriebsrat mit dem Trainer und dessen Konzept einverstanden, kann alles weitere eigentlich nur zum Erfolg führen.

6.3 Ein Gesprächsleitfaden für Rückkehrgespräche

Rückkehrgespräche können nicht nach einem starren Schema ablaufen. Es gibt auch hier kein Patentrezept für das richtige Rückkehrgespräch, das für jeden Mitarbeitertyp paßt. Es gibt andererseits einige Verhaltensweisen, die bei Einhaltung dazu führen, daß Rückkehrgespräche nach krankheitsbedingter Abwesenheit zu offenen und konstruktiven Gesprächen für alle Seiten werden. Vorgesetzten sollten allerdings keine Ratschläge vorgegeben werden, die dann möglicherweise weder akzeptiert noch umgesetzt werden. Wir bitten daher die Teilnehmer mit einer Gruppenarbeit im Seminar um die Entwicklung eines Gesprächsleitfadens für Rückkehrgespräche nach krankheitsbedingter Abwesenheit. Zusätzlich fragen wir danach, welche Verhaltensweisen und/oder Formulierungen unbedingt in einem Rückkehrgespräch vermieden werden sollten.

Wenn Sie jetzt im folgenden einen der vielen Leitfäden finden werden, die bisher entwickelt wurden, sollten Sie nicht unbedingt zu dem Schluß kommen: Warum soll ich ihn noch einmal in teuren Seminaren entwickeln lassen, wenn ich bereits hier ein fertiges Instrument präsentiert bekomme? Auch beim Gesprächsleitfaden gilt: Der Weg ist das Ziel, d. h., es kommt auf den Prozeß an und nicht (nur) auf das Ergebnis. Eine Veränderung im Verhalten und im Bewußtsein erzielen Sie viel eher, wenn durch einen gesteuerten Prozeß Erkenntnisse durch Diskussionen erreicht werden, die bei einer einfachen Vervielfältigung und Verteilung von bestimmten Ergebnissen (hier: Leitfaden für Rückkehrgespräche) von den Betroffenen gar nicht nachvollzogen werden konnten.

Der nun folgende Gesprächsleitfaden besteht aus drei Teilen. Zuerst werden günstige Voraussetzungen für Rückkehrgespräche erarbeitet, dann der eigentliche Leitfaden entwickelt (wobei hier oftmals unterschieden wird zwischen „normalen" krankheitsbedingten Rückkehrern und angenommenermaßen motivationsbedingt Abwesenden, im Umgangston als „Blaumacher" bezeichnet).

Günstige Voraussetzungen für ein Rückkehrgespräch nach krankheitsbedingter Abwesenheit aus Sicht von Seminarteilnehmern

- Geschlossene Räumlichkeit bzw. angemessene Räumlichkeit
- Zeit einplanen und nehmen
- Ausgeglichen sein
- Störung vermeiden
- Hintergrundinformation haben (u. a. Information über Dauer und Art der Erkrankung einholen)
- Gesprächsziel festlegen
- Sich eigene Vorurteile bewußt machen
- Aufstellung von Punkten/Fakten, die sich in der Zwischenzeit/Abwesenheit ereignet haben
- Persönlich einladen, Gesprächsthema ankündigen, Termin vereinbaren und auch einhalten
- Gespräch zeitnah führen

Leitfaden für Rückkehrgespräche nach krankheitsbedingter Abwesenheit

Bei „normalen" Rückkehrern:

- Ohne Vorurteile in das Gespräch gehen
- Begrüßung – durch die Einleitung positive Gesprächsatmosphäre schaffen („Der Ton macht die Musik.")
- Nach dem Befinden erkundigen („Wie geht es Ihnen? Sind Sie wieder gesundheitlich hergestellt?") → **zuhören**
- Abteilungsinformationen weitergeben
- Durch offene Fragen ins Gespräch kommen
- Ausreden lassen und zuhören
- Nach eventuellem Zusammenhang zwischen Abwesenheit und Arbeitsplatz fragen; bei Zusammenhang Hilfe anbieten
- Gemeinsames Ziel und Termin für Wiederholungsgespräch vereinbaren
- Positiver Gesprächsabschluß

Bei Rückkehrern, die angenommenermaßen motivationsbedingt abwesend waren:

- Zusammenhänge der Fehlzeiten aufzeigen
- Bei Bedarf betriebliche Auswirkungen darstellen (Als Frage formulieren: „Kannst du dir vorstellen, was deine häufigen Abwesenheiten für Auswirkungen haben können für deine Kollegen, für mich (deinen Vorgesetzten), für das Unternehmen und für dich persönlich?")
- Maßnahmen entsprechend dem Gesprächsverlauf einleiten. Hilfestellung anbieten (Betriebsrat, Sozialberatung)
- Gemeinsames Ziel und Termin für Wiederholungsgespräch vereinbaren. Weiteres Verhalten beobachten
- Positiver Gesprächsabschluß

Formulierungen und Verhaltensweisen, die in einem Rückkehrgespräch nach krankheitsbedingter Abwesenheit unbedingt vermieden werden sollten:

- Vorwürfe
- Vorurteile
- Drohungen
- Aggressionen
- Emotionale Reaktionen
- Ablehnende Körperhaltung
- Distanz zum Mitarbeiter
- Verletzung der Intimsphäre
- Verbale Erniedrigung durch Vorgesetzten
- Mitarbeiter nicht ausreden lassen
- Nicht zuhören
- Unterstellungen
- Unsachlichkeit
- Zynische, ironische, spitzfindige bzw. zweideutige Bemerkungen
- Unaufmerksamkeit
- Desinteresse
- Termindruck
- Eindruck einer Pflichttätigkeit (z. B. „Du weißt, wir müssen jetzt diese Gespräche führen, weil wir da so ein Seminar hatten.")

6.4 Seminarerfolge aus Sicht der Teilnehmer[13]

Die Seminarteilnehmer messen ihren Erfolg in vielen Fällen anhand der positiven Erfahrungen, die sie durch das Verhalten ihrer Mitarbeiter sammeln konnten. Die folgende Auflistung aus der Startphase eines dritten Seminartages für Vorgesetzte eines norddeutschen Dienstleistungsbetriebes (Seminartage 1 und 2 hatten ca. ein halbes Jahr vorher stattgefunden) vermittelt einen Eindruck über die Erfahrungen von Seminarteilnehmern, in deren Unternehmen die Rückkehrgespräche zunächst und ausnahmsweise *nicht* von den direkten Vorgesetzten (den Meistern) durchgeführt werden sollten, sondern von den Ebenen darüber.

---

13 Einige Zeilen in diesem Kapitel über den dritten Seminartag wurden von meinem Kollegen *Dr. Harry Spatz* beigesteuert, dem ich dafür an dieser Stelle noch einmal ausdrücklich danke!

70

Erfahrungen	Erwartungen
Keine, da ich die Gespräche delegiert habe.	Offen
Positiv	Offen
Positiv	Offen
Keine	Als Mitarbeiter der Personalabteilung erhoffe ich mir hier ein Feedback über die vergangenen Monate.
Ca. 70 Gespräche. Grundsätzlich positive Erfahrungen, aber das Gefühl, daß sich das abschleift.	Lösung: Wie geht's weiter?!
Keine	Erfahrungsaustausch
Keine	Erwartungen offen
Zu 95% positive Erfahrungen. Positiv ist das Sichkennenlernen. Die Erfahrung, daß sich die Mitarbeiter i. d. R. schnell öffnen.	Erwartung auf tiefergehende Infos
Drei bis vier Gespräche pro Woche. Ich hatte das Vorurteil, daß wir viele Blaumacher haben. Daß das nicht so ist, habe ich aus den Gesprächen erfahren. Ich spreche die Mitarbeiter draußen an, nicht im Büro. Dadurch entsteht gleich ein anderes Klima. Man lernt sich erst durch das Gespräch kennen	Ich würde gerne etwas über Fehlzeiten der unterschiedlichen Branchen erfahren.
Ca. 30 bis 40 Gespräche geführt, aus denen ich „normale" Mitarbeitergespräche gemacht habe. Ich beobachte aber auch Abnutzung. Die Schwelle, krank zu machen, ist sehr niedrig. Das Gespräch ist zu einem 0-8-15-Gespräch geworden. Wir müssen über die Meister an die Mitarbeiter rangehen.	Verbesserung der allgemeinen Kommunikation zu den Mitarbeitern.
80 bis 100 Gespräche. Erfahrungen positiv. Die Inhalte der ersten beiden Seminartage waren als Leitfaden positiv.	Wir stehen am Scheideweg. Die Gespräche müssen auf die Meisterebene.
Ca. 50 Gespräche. Es waren auch Kennlerngespräche. Keine negativen Erfahrungen. Die Erfahrung, daß die Mitarbeiter sich öffnen. Ich habe nicht das Gefühl, daß sich das Rückkehrgespräch bereits abnutzt. Wir haben keine geeigneten Räumlichkeiten.	Offen

Die in obiger Auflistung aufgeführten Statements verdeutlichen noch einmal die Notwendigkeit, daß die Rückkehrgespräche immer von der direkt vorgesetzten Ebene geführt werden müssen; ansonsten haben die Führungskräfte aufgrund der erheblich gestiegenen Kontrollspanne das Gefühl, „daß sich das Rückkehrgespräch abnutzt". An diesen Ergebnissen manifestiert sich aber auch ein Kommunkationsdefizit in diesem Unternehmen, das durch die Rückkehrgespräche abgebaut wurde. Vielleicht ist es kein Zufall, daß gerade in diesem Unternehmen der bisher drastischste Fall von „Anonymität in Großunternehmen" von einem Seminarteilnehmer geschildert wurde, von dem ich Ihnen bereits im 2. Kapitel berichtet habe.

Eine weitere Erfolgskontrolle aus Sicht der Teilnehmer erfolgt durch uns am sogenannten „Dritten Seminartag". Der 3. Tag findet in der Regel nach sechs bis acht Monaten statt, um den Teilnehmern genügend Zeit zu geben, eigene Erfahrungen bei der Umsetzung der Seminarinhalte zu sammeln und zu reflektieren. Bei der Zusammensetzung der Seminargruppen wird darauf geachtet, daß möglichst keine direkten Vorgesetzten in der Gruppe und nicht zu viele Teilnehmer aus einer Abteilung vertreten sind. Dadurch ist gewährleistet, daß alle Teilnehmer einen guten Überblick über alle Abteilungen bekommen. Aus organisatorischen Gründen ist die Zusammensetzung des 3. Seminartags nicht immer identisch mit der der beiden ersten Seminartage.

Zu Beginn des Seminars beantworten die Teilnehmer in einer offenen Gesprächsrunde folgende Fragen:

1. Wieviel Rückkehr- und Fehlzeitengespräche haben Sie geführt? Welche Erfahrungen haben Sie dadurch erzielt?
2. Haben sich für Sie persönlich oder für Ihre Mitarbeiter Veränderungen daraus ergeben?
3. Welche Erwartungen haben Sie an den 3. Seminartag?

Bei der Zusammenfassung dieser „Statements" ergeben sich im wesentlichen zwei unterschiedliche Strömungen:

- Eine Gruppe der Teilnehmer sieht das System der Rückkehr- und Fehlzeitengespräche als sehr positiv an. Die Gespräche werden als Unterstützung der eigenen Arbeit empfunden und bewußter als vorher eingesetzt. Diese Vorgesetzten konnten intensivere Kontakte zu ihren Mitarbeitern aufbauen und viele neue und unerwartete Dinge von ihren Mitarbeitern erfahren, beispielsweise private Probleme. Diese Teilnehmer betrachten das Führen der Gespräche als Beginn einer neuen Unternehmenskultur.
- Auch die andere Gruppe akzeptiert und praktiziert überwiegend das System der Rückkehr- und Fehlzeitengespräche und gibt an, daß die Erfolge bei der Reduzierung der Fehlzeiten positiv zu bewerten sind. Diese Grup-

Auflistung des positiven Ergebnisses aus einem Seminar mit Meistern eines süddeutschen Produktionsunternehmens:

Was haben die 3 Tage gebracht?

- Die Selbstsicherheit ist gestiegen.
- Die Sicherheit in schwierigen Gesprächssituationen ist gestiegen.
- Der Gesprächsleitfaden ist sehr positiv.
- Die Wichtigkeit des Mitarbeitergespräches ist wieder bewußter geworden.
- Der Austausch mit den anderen Kollegen/auch aus den anderen Werken ist sehr wertvoll.
- Die Identifikation mit dem Unternehmen wächst.
- Wir würden gerne diese oder eine ähnliche Form des Erfahrungsaustausches beibehalten.

---

pe erfährt jedoch das Ganze auch als Druckmittel, das bei einigen Mitarbeitern Angst und Mißtrauen auslöst (insb. bzgl. der Fehlzeitengespräche). Als negativ wird z. B. gesehen, wenn Mitarbeiter krank zur Arbeit kommen.

Gemeinsam ist jedoch beiden Gruppen, daß die Rückkehr- und Fehlzeitengespräche grundsätzlich als positives Mittel zur Reduzierung der Fehlzeiten, zum Erreichen eines besseren Umgangs miteinander und zum Aufbau einer besseren Betriebskultur gesehen werden.

Interessant ist hierbei anzumerken, daß das Thema „Blaumacher" am 3. Tag keine große Rolle mehr spielt. Im Vordergrund steht eindeutig die Gesamtheit der Mitarbeiter, die es zu motivieren gilt. Wer es mit einem solchen Mitarbeiter zu tun hat, der häufig motivationsbedingt fehlt, erwartet jedoch auch vom Stufenplan und damit von der Personalabteilung eine Lösung. In diesem Zusammenhang soll auch erwähnt werden, daß von vielen Teilnehmern die Zusammenarbeit zwischen der Personalabteilung, dem Betriebsrat und den betrieblichen Vorgesetzten zunehmend positiv gesehen wird.

Am Ende des 3. Seminartages beantworten die Teilnehmer in einer Schlußrunde die Fragen:

1. Was haben Ihnen die 3 Seminartage gebracht?
2. Was haben sie Ihnen nicht gebracht?

Die Seminare kommen bei den Teilnehmern überwiegend gut bis sehr gut an. Regelmäßig werden Fragen nach der Weiterführung der Seminarreihe bzw.

nach weiteren Angeboten von Seminaren zu den Themen „Kommunikation" oder „Führung" gestellt. Vielen Teilnehmern ist durch die Seminare das eigene Defizit auf diesem Gebiet deutlich geworden, und es besteht ein großes Interesse daran, dieses Thema auch weiterzuführen. Besonders positiv wird von den Teilnehmern der Erfahrungsaustausch untereinander bewertet, weil die Teilnehmergruppe sich in der Regel aus den verschiedensten Abteilungen zusammensetzt.

6.5 Seminarerfolge aus Sicht der Unternehmen

Aus Sicht von Unternehmen werden Seminarerfolge selbstverständlich zunächst unter betriebswirtschaftlichen Aspekten gemessen. Ganz konkret interessiert die Frage, wie sich Fehlzeiten im Vergleich zum Vorjahreszeitraum seit Einführung von Rückkehrgesprächen entwickelt haben.

Die Erfolge bei Gestra wurden bereits zu Beginn des 6. Kapitels aufgeführt. Andere konkrete Daten können von uns leider nur in anonymisierter Form genannt werden. Viele Unternehmen scheuen sich verständlicherweise, mit Informationen zur eigenen Fehlzeitensituation an die Öffentlichkeit zu treten.

Als Seminaranbieter erhält man die interessanten Informationen über die Fehlzeitenentwicklung leider auch nicht immer automatisch. Wenn Unternehmen sich nach den ersten beiden Seminartagen nicht wieder melden, um eine Nachschulung zu buchen, steht dahinter nicht etwa die Enttäuschung darüber, daß aus den Seminarveranstaltungen nicht die erhofften Fehlzeitenrückgänge eingetreten sind. Vielmehr steht der Gedanke im Vordergrund, daß mit einer zweitägigen Schulung die Fehlzeiten vielleicht um ca. zwei Prozentpunkte gesenkt wurden, was sich bei den Lohnfortzahlungskosten mit 1–2 Mio. DM positiv ausgewirkt hat – und die Frage auf der Hand liegt: Warum soll man jetzt noch ein zusätzliches Seminar durchführen?! Antwort: Weil auch Seminarinhalte in Vergessenheit geraten, weil Führungsverhalten permanent gepflegt werden muß etc.!

In einem Berliner Betrieb fanden die Erstschulungen vor mehren Jahren statt, Nachschulungen waren damals vage vereinbart, fanden aber möglicherweise deshalb nicht nach den vorgeschlagenen 6–9 Monaten statt, weil die Fehlzeiten im Unternehmen nach einem Jahr um insgesamt 2,5 Prozentpunkte zurückgegangen waren. Ca. vier Jahre später stiegen die Fehlzeiten wieder deutlicher an, so daß sich das Unternehmen erneut bei uns meldete. Wir konnten quasi wieder von vorne beginnen, was diesmal natürlich erheblich schwieriger war, weil das damals getroffene Versprechen des Unternehmens gegenüber den Seminarteilnehmern nicht eingehalten und die Seminarreihe fortgesetzt worden war. Die Glaubwürdigkeit hatte dadurch gelitten.

Nicht, daß bei Ihnen jetzt ein falscher Eindruck entsteht. Auch mit nur 3 Seminartagen pro Gruppe[14] werden die Fehlzeiten keineswegs für alle Ewigkeit auf unterstem Niveau bleiben! Nur ein permanenter Prozeß mit regelmäßigen Auffrischungsphasen wird auch zu einem permanenten Erfolg führen. Allerdings nehmen die Anstrengungen und damit auch die Seminarhäufigkeit rapide ab, wenn der richtige Kurs erst einmal eingeschlagen ist!

Häufig wird gefragt, um wieviele Prozentpunkte die Fehlzeiten zu senken sind. Diese Frage ist schwer zu beantworten, da eine Reihe von Faktoren einen erheblichen Einfluß ausüben. Ein Unternehmen mit überaus hohen durchschnittlichen Fehlzeiten hat z. B. ein weitaus höheres Verbesserungspotential als ein Betrieb mit eher niedrigen Fehlzeiten. So ist es uns schon des öfteren gelungen, in Betrieben mit ca. 10–14 Prozent die Fehlzeiten zum Teil mehr als zu halbieren. Ein Betrieb mit vielleicht nur 4,5 Prozent Fehlzeiten hat da eventuell ein weitaus geringeres Potential.

Häufig ist das Verbesserungspotential aber auch nicht so deutlich sichtbar, weil kaum meßbare Fehlzeiten vorliegen. Fehlzeiten werden aber *nur quantitativ* an der Anwesenheit der Mitarbeiter gemessen. Was ist also mit der sogenannten „inneren Kündigung" oder der (man möge es mir in den Behörden verzeihen) oft genannten „Beamtenmentalität"? Solche Faktoren werden nicht über die Fehlzeitenstatistik erfaßt, können aber über konstruktive Rückkehrgespräche absolut deutlich und positiv beeinflußt werden.

---

14 Eine Seminargruppe sollte aus unserer Sicht aus nicht mehr als 12 Teilnehmer/innen bestehen!

7. Strategie zur Einführung von Rückkehr-gesprächen in zehn Schritten

Daß einerseits die betrieblichen Voraussetzungen wie z. B. die Personalpolitik, die Arbeitsumgebung, die Kontrollspanne etc. das Verhalten von Mitarbeitern und Vorgesetzten beeinflussen, andererseits aber auch wiederum das Verhalten Auswirkungen auf betriebliche Voraussetzungen besitzt, wurde schon auf den ersten Seiten dieses Buches angesprochen. Daher kann ein wirkungsvolles Bündel an Maßnahmen nur ganzheitlich sein, wenn es sowohl das zwischenmenschliche Verhalten als auch die betrieblichen Voraussetzungen zu beeinflussen versucht (vgl. Abbildung 7).

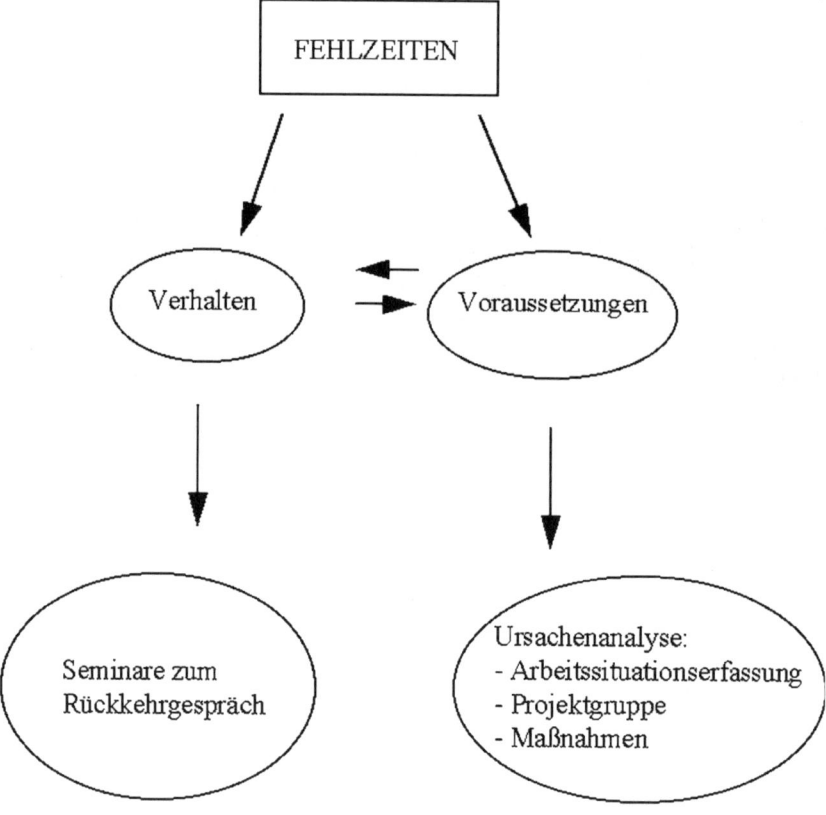

Abb. 7: Fehlzeiten in Abhängigkeit von Verhalten und Voraussetzungen

Wie insbesondere die betrieblichen Voraussetzungen verändert werden können, wurde bereits ausführlich in der Literatur[15] beschrieben. Dieses Kapitel konzentriert sich mehr auf eine Einführungsstrategie für Rückkehrgespräche in einem Prozeß zur Gesundheitsförderung und zur Erhöhung und qualitativen Verbesserung von Anwesenheit. Diese Einführungsstrategie wird in insgesamt zehn Schritten skizziert.

Schritt 1: Gründung einer Projektgruppe „Fehlzeiten", „Gesundheit", „Rückkehrgespräche" etc.

Die Einführung von Rückkehrgesprächen ist gleichbedeutend mit der Einleitung eines umfangreichen Veränderungsprozesses, der gesteuert und koordiniert werden muß. Hierzu ist die Gründung einer betrieblichen Projektgruppe sinnvoll, in der neben einzelnen Hierarchieebenen auch mindestens ein Mitglied des Betriebsrates vertreten sein sollte[16]. Eine mögliche Zusammensetzung der Projektgruppe und deren Aufgaben finden Sie in Abbildung 8.

Schritt 2: Entwicklung und vorläufige Verabschiedung eines Stufenplans für Rückkehrgespräche

Bereits 1994 wurde der erste in einem Seminar in der Bundesrepublik entwickelte Stufenplan für Rückkehrgespräche veröffentlicht[17]. Dieses Konzept des Stufenplans wurde mittlerweile von verschiedenen Großunternehmen aufgegriffen und mit Erfolg umgesetzt, sofern man den entsprechenden Veröffentlichungen glauben darf. Das Konzept des Stufenplans wird der Tatsache gerecht, daß sich Inhalt und Qualität von Gesprächen nach krankheitsbedingter Abwesenheit verändern, je häufiger Krankheitsfälle zu beobachten sind, die augenscheinlich motivationsbedingt sind. Die Motivation wird jedoch durch betriebliche Umstände wie z. B. ein zu verbesserndes Vorgesetzten- oder Gruppenverhalten nicht beeinflußt. In diesen Fällen treten andere Instrumente in Kraft als das motivierende und integrierende Rückkehrgespräch der ersten und z. T. auch noch der zweiten Stufe.

---

15 Vgl. z. B. *Bitzer, B.:* Fehlzeitenabbau mit System, in Personal 6/95.
16 Weitere Informationen enthalten u. a. die Aufsätze von *Bitzer, B.:* Weiterbildung mit System, in Personal 4/93; *Bitzer, B.:* Die Projektgruppe, in Die Schwester der Pfleger 2/95.
17 *Bitzer, B.:* Ein Stufenplan für Rückkehrgespräche, in Personal 2/94 und *Bitzer, B.:* Fehlzeiten als Chance, Expert Verlag, Renningen 1999 (3. Aufl.).

Da es keinen für alle Unternehmen gleichsam gültigen Stufenplan geben kann, da die betriebliche Situation ebenso unterschiedlich ist wie der Reifegrad von Organisationen, muß jeder Betrieb einen individuellen und auf das Unternehmen zugeschnittenen Stufenplan entwickeln und umsetzen. Diese Aufgabe übernimmt die betriebliche Projektgruppe.

Da der Erfolg eines Stufenplanes von der Art und Qualität der Gespräche der einzelnen Gesprächsstufen abhängig ist, muß dem Einführungsprozeß ein Schulungsprogramm zum Rückkehrgespräch vorgeschaltet sein.

Schritt 3: Auswahl eines geeigneten Beraterteams/Seminaranbieters

Der Markt der Trainingsanbieter ist mittlerweile kaum noch überschaubar. Unverständlicherweise treffen viele Unternehmen ihre Entscheidung für oder gegen einen Trainingsanbieter aufgrund der Honorarforderungen. Die Qualität und die Erfahrung spielen leider nicht immer die entscheidende Rolle. Gerade im sensiblen Bereich der krankheitsbedingten Abwesenheiten können falsche Gespräche das Betriebsklima nachhaltig negativ beeinflussen und Fehlzeiten eher erhöhen als abbauen. Zudem ist die notwendige Akzeptanz sowohl bei Führungskräften als auch bei Mitarbeitern und Betriebsrat auf viele Jahre hin gestört, wenn das Rückkehrgespräch als Druckmittel eingeführt wurde. Bei der Auswahl des bzw. der Trainer sollte daher besonders gründlich und sorgfältig vorgegangen werden.

Zusätzlich rate ich davon ab, langfristige Verträge zu schließen. Uns reicht es z. B. aus, im Extremfall von Seminar zu Seminar mündlich engagiert zu werden. Wir wissen dann, daß unsere Arbeit anerkannt wird, weil wir dauerhaft immer wieder engagiert werden.

Schritt 4: Durchführung von Pilotseminaren zur Überprüfung der Eignung des Seminaranbieters (Inhalte und Konzept sowie Akzeptanz bei den Seminarteilnehmern)

Der Trainer oder Seminaranbieter muß zwar zur Projektgruppe passen, viel wichtiger ist aber, daß er die Sprache der Mitarbeiter spricht, die er oder sie in den Seminaren zu trainieren hat. Von daher sollte mindestens ein Pilotseminar erfolgen, bevor sich die Projektgruppe auf einen Trainer festlegt. Ob der Trainer zu den Teilnehmern paßt und umgekehrt, das entscheiden auch die Teilnehmer und der Trainer – und nicht nur die Projektgruppe.

Schritt 5: Entweder endgültige Entscheidung für das Beraterteam oder wieder Schritt 3

Nach dem Pilotseminar fällt die Entscheidung entweder für oder gegen das Beraterteam. Fällt sie gegen das Beraterteam, setzt wieder die Vorauswahl ein. Zeigt der Daumen nach oben, können die Seminare auf andere Gruppen übertragen werden.

Schritt 6: Seminarveranstaltungen für Personalabteilung und Betriebs-/Personalrat zu Inhalten, Aufgaben und Zielen des Rückkehrgespräches und zur Auseinandersetzung über die Rollen dieser beiden betrieblichen Instanzen in den Gesprächen des Stufenplans

Wird ein Stufenplan eingeführt, sind in der Regel Gespräche geplant, an denen sowohl VertreterInnen von Personalabteilung als auch des Personal- bzw. Betriebsrates teilnehmen. Traditionell besteht zwischen diesen beiden wichtigen betrieblichen Instanzen ein Spannungsverhältnis, das unbedingt vor der letztendlichen Einführung der Gespräche und des Stufenplans in konstruktive Bahnen gelenkt werden muß. Hierzu ist die Konzeption von Seminarveranstaltungen sinnvoll, in denen Betriebsrat und Personalabteilung gemeinsam über Ziele und Inhalte von Rückkehrgesprächen trainiert werden und sie sich zudem über die unterschiedlichen Rollen dieser beiden Instanzen in den jeweiligen Gesprächen auseinandersetzen. Erfolgt diese Rollenklärung nicht vorab, kann es sein, daß z. B. ein „traditioneller" Betriebsrat bei einer möglichen Gesprächsteilnahme bereits in der zweiten Stufe unbewußt durch sein Verhalten alle weiteren Stufen ad absurdum führt und den gesamten Prozeß zu einer Farce werden läßt. Nicht nur die Vier-Augen-Gespräche zwischen Mitarbeitern und direkten Vorgesetzten sollten im Seminar trainiert werden, gerade auch die möglichen Vier-Personen-Gespräche.

Schritt 7: Seminare zum Rückkehrgespräch für alle Hierarchieebenen – Entwicklung eines Gesprächsleitfadens für Rückkehrgespräche nach krankheitsbedingter Abwesenheit

Bei fachgerechter Einführung verändert das Rückkehrgespräch die gesamte Kultur eines Unternehmens. Häufig wird in Seminarveranstaltungen von den unteren Hierarchieebenen kritisiert, daß sich die oberen Ebenen von dieser kulturellen Veränderung ausklammern und dadurch eher Veränderungen verhindern. Die bemerkenswertesten Erfolge hatten bisher die Unternehmen in ihrem Bemühen der Fehlzeitenreduktion (bis zu 60 Prozent!), die **die Rückkehrgespräche auf möglichst alle Hierarchieebenen ausdehnten.**

Neben wichtigen Informationen aus der Fehlzeitenforschung und der Vermittlung einer situationsgerechten Führungsphilosophie entwickeln die SeminarteilnehmerInnen einen Gesprächsleitfaden für Rückkehrgespräche nach krankheitsbedingten Abwesenheiten. Dieser Gesprächsleitfaden ist für die Teilnehmer ein akzeptiertes und häufig eingesetztes Instrument, das die Umsetzung in der Praxis erleichtert[18].

Schritt 8: Gegebenenfalls Modifizierung des Stufenplans zur Erreichung der notwendigen Akzeptanz – Entwicklung einer „Vorgehensweise für gesprächsführende Vorgesetzte"

Da der von der Projektgruppe entwickelte Stufenplan nicht gezwungenermaßen auch die Zustimmung und die Akzeptanz der betrieblichen Vorgesetzten finden muß, sollten diese in den Seminarveranstaltungen auch die Möglichkeit besitzen, entsprechende Verbesserungen einzubringen. Ist dies geschehen, kann die Projektgruppe den Stufenplan bis auf weiteres verabschieden und die Umsetzung realisieren. In der Praxis von Großunternehmen hat sich gezeigt, daß diese Umsetzung bisweilen auch bürokratische Züge aufweisen muß. Von daher kann eine „Vorgehensweise für gesprächsführende Vorgesetzte" hilfreich sein, wenn u. a. festgelegt ist, **wer** z. B. zu einem Gespräch einlädt, **wann** ein Mitarbeiter über den Gesprächstermin zu informieren ist etc.

Schritt 9: Umsetzung der Gesprächsergebnisse

Nachdem die Vorgesetzten in den Seminaren geschult wurden und auch ein akzeptierter Stufenplan vorliegt, kann die Umsetzung der Gespräche beginnen. Aus der Erfahrung heraus verhalten sich die MitarbeiterInnen häufig viel offener, als es von den Vorgesetzten in den Seminaren zuvor vermutet wurde. Zahlreiche Hinweise werden genannt und als Zielvereinbarungen festgehalten, die bei einer unverzüglichen Umsetzung neben einer Verbesserung der allgemeinen Arbeitssituation gewöhnlich einen nachhaltigen Rückgang der Fehlzeiten zur Folge haben. In der Vergangenheit wurden Mitarbeiter und Vorgesetzte mit diesen Gesprächsergebnissen oft „alleine gelassen",

---

18 Ein weiteres Beispiel für einen Gesprächsleitfaden findet sich u. a. in dem folgenden Artikel, der einen Seminarprozeß in der Tabakwarenindustrie beschreibt: *Meder, H.-J./Bitzer, B.:* Fehlzeitenreduzierung durch gezieltes Führungskräftetraining – Das Rückkehrgespräch, in Personal 5/93.

d. h. außer dem Gespräch geschah praktisch nichts. Ganz wichtig ist in diesem Zusammenhang, daß sowohl Mitarbeiter als auch Vorgesetzte eine von beiden Seiten akzeptierte Instanz im Hintergrund wissen, die sie bei der Umsetzung der Gesprächsergebnisse unterstützt. In den meisten Fällen ist dies die Aufgabe der Projektgruppe. In Großunternehmen empfiehlt es sich, in den größeren Bereichen Vor-Ort-Projektgruppen zu bilden, die diese Aufgabe übernehmen.

Zur Veranschaulichung sehen wir in der Tabelle 3 die Aufstellung über getroffene und umgesetzte Zielvereinbarungen aus Rückkehrgesprächen mit entsprechenden Beispielen.

Tabelle 3: Beispiele für Zielvereinbarungen aus Rückkehrgesprächen

Bereich	getroffene Zielvereinbarungen	umgesetzte Zielvereinbarungen	Beispiel
A	6	3	Einrichtung eines neuen Pausenraumes
B	8	7	Umsetzung von Mitarbeitern auf gesundheitsschonende Arbeitsplätze
C	21	14	Neueinrichtung und Renovierung eines Steuerstandes
D	22	12	Verbesserung der Staubabsaugung
E	19	14	Einrichtung eines behindertengerechten Arbeitsplatzes
F	6	3	Bereitstellung von warmer Arbeitskleidung im Archiv

Schritt 10: Nachschulung „Dritter Tag"/Weiterentwicklung, Controlling etc.

Die Einführung von Rückkehrgesprächen ist ein umfassender Veränderungsprozeß, der wie ein kybernetisches Modell funktioniert. Das bedeutet, daß zahlreiche Rückkopplungen erfolgen müssen, um den gesamten Prozeß zu steuern und zu optimieren. Eine wichtige Aufgabe übernehmen hierbei wieder die Vorgesetzten, wenn sie aus der Eröffnungs- und Basisschulung in die Praxis gehen und Erfahrungen in den Rückkehrgesprächen sammeln. Diese Erfahrungen müssen ausgetauscht und genutzt werden, um den gesamten Verbesserungsprozeß weiter zu unterstützen. Dieser Erfahrungsaustausch findet an einem weiteren Seminartag nach einer angemessenen Zeitspanne statt, damit genügend Gelegenheit zur Umsetzung der Seminarinhalte der Basisveranstaltung besteht. Dieser weitere Seminartag ist ebenfalls ein Controllingtermin sowohl für die Teilnehmer (Was haben uns das Seminar und der Trainer gebracht?) als auch für den Trainer (Was konnte ich den Teilnehmern vermitteln? Waren die Inhalte sinnvoll?) und letztendlich für die Projektgruppe und das gesamte Unternehmen.

Zusammenfassung

Alle hier vorgestellten Instrumente sind in der Abbildung 8 zusammengefaßt.

Dabei übernehmen der Betriebs-/Personalrat und die Personalabteilung eine doppelte Funktion. Einerseits sind sie fest durch Vertreter in der Projektgruppe in den Veränderungsprozeß integriert, andererseits sind sie als Projektstabsstellen zuarbeitend, unterstützend und kontrollierend.

Eine Projektgruppe „Gesundheit" übernimmt die Steuerungsaufgabe des Veränderungsprozesses und u. a. die in der Grafik aufgeführten Aufgaben wie z. B. die Erarbeitung einer Betriebsvereinbarung[19] zu Rückkehrgesprächen.

Enorm wichtig ist auch der Satz: **„Veränderungen sind ohne Konsequenzen nicht möglich."** Damit wird ausgedrückt, daß durch den Stufenplan Konsequenzen für Mitarbeiter möglich sind. Was ist aber, wenn Vorgesetzte wiederholt durch ihr Verhalten Auslöser für Fehlzeiten sind? Gibt es dann auch Konsequenzen? Bisher gab es diese Konsequenzen in der Regel nicht. Daher muß es auch ein Führungscontrolling geben, d. h., es muß für Mitarbeiter die Möglichkeit geben, auf nachhaltig schlechtes Führungsverhalten aufmerksam zu machen. Dazu ist wiederum die Einführung eines Vorgesetztenbeurteilungssystems notwendig. Auch dieser Aufgabe könnte sich die Projektgruppe nach Abarbeitung der anderen Aufgaben widmen.

---

19 Eine Betriebsvereinbarung zu Rückkehrgesprächen ist abgedruckt bei *Wompel, M.:* Krankenverfolgung, Offenbach 1996, eine andere befindet sich im Anhang und kann gerne auf Diskette bei INPEX unter 04292/4330 (Tel.), 04292/40222 (Fax) oder E-Mail INPEX@aol.com abgefordert werden.

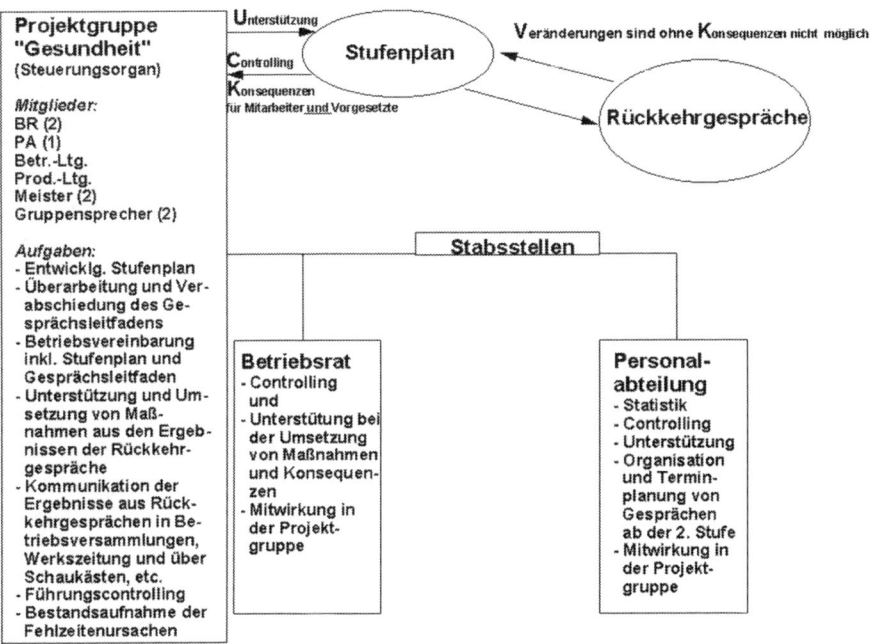

Abb. 8: Strategieüberblick zur Einführung von Rückkehrgesprächen

Welche weiteren Controllingmöglichkeiten bestehen, zeigt das abschließende Kapitel.

8. Controlling

Oft werden wir mit der Frage konfrontiert: Wie können wir feststellen, ob unsere Vorgesetzten Rückkehrgespräche überhaupt führen, und wenn sie sie führen, ob sie auch gut geführt werden? Sofern überhaupt ein Controlling durchgeführt wird, erfolgt es in der Regel über die Personalabteilung, also als *Fremdcontrolling*, wie z. B. in einem norddeutschen Dienstleistungsbetrieb, in dem insgesamt 3 Gruppen von Führungskräften über jeweils 3 Tage geschult wurden (2 Tage hintereinander, 1 Tag ca. 6 Monate später). In diesem Fall führte die Personalabteilung in der Einführungsphase eine Statistik über die Anzahl der Rückkehrgespräche bezogen auf Abteilung/Vorgesetzter und den Wochentag. Auch wenn diese Statistik nicht verrät, wieviele Mitarbeiter in den jeweiligen Bereichen beschäftigt sind, ist aber doch ersichtlich, daß Rückkehrgespräche intensiv geführt wurden (vgl. Abbildung 9).

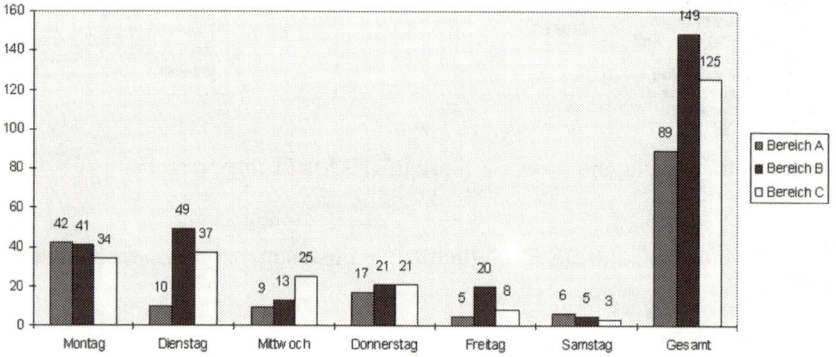

Abb. 9: Anzahl der Rückkehrgespräche in einem Dienstleistungsbetrieb innerhalb eines Zeitraums von vier Monaten

Sinn- und wirkungsvoller ist ein Selbstcontrolling, d. h., die Vorgesetzten werden nicht über eine andere Instanz überwacht, sondern sie hinterfragen sich selbst aus eigenem Antrieb. Dieses Selbstcontrolling ist aus meiner Sicht bisher nur über ein sogenanntes Seminarcoaching erreichbar. Als Seminarcoaching bezeichne ich eine über einen längeren Zeitraum angelegte Veranstaltung, in der höchstens 6 Vorgesetzte das Rückkehrgespräch über unser „normales" Seminar kennenlernen und gegen Ende der einführenden zweitägigen Veranstaltung die Vereinbarung treffen, in regelmäßigen Abständen in der gleichen Zusammensetzung für jeweils ca. 2 Stunden zu Erfahrungsaustausch sowic vertiefenden Diskussionen und Übungen zusammenzukommen. In dieser Konstellation entsteht eine Atmosphäre, in der die eigenen Fehlzeitendaten mit dem Fokus auf das eigene Verhalten analysiert werden können. Ein Selbstcontrolling der an dieser Coaching-Gruppe beteiligten Führungskräfte ist die Folge.

Der externe Seminarleiter und Moderator zieht sich nach einer gewissen Zeit, die vom Reifegrad einer jeweiligen Gruppe abhängig ist, aus dem Prozeß zurück und überläßt die Gruppe sich selbst.

Zutreffend für diese Form der Veranstaltung wäre auch der Begriff der Supervision. Da dieser Begriff aber dem Bereich der Psychologie zugeordnet wird, ist er vielen Menschen in unseren Betrieben noch eher suspekt. Coaching ist weitaus akzeptierter.

Ein weiteres wichtiges Controllinginstrument ist die Führungskräftebeurteilung durch Mitarbeiter. Dieses Vorgesetztenfeedback käme in der z. T. noch sehr durch Hierarchiedenken geprägten Arbeitswelt der Bundesrepublik quasi einer Revolution gleich, würde aber sicherlich dazu beitragen, daß sich Vorgesetzte endlich auch als Dienstleister ihrer Mitarbeiter verstehen. Erfahrungen mit diesem Instrument werden zwar bereits vereinzelt seit 1973 gesammelt[20], das Potential ist aber noch enorm.

Noch eine von bzw. über uns bereits realisierte Controllingmöglichkeit ist die Nachuntersuchung, die wir z. T. über die Vergabe von entsprechenden Diplomarbeiten realisieren. So wurde z. B. das bereits angeführte Projekt bei der Gestra ein Jahr nach Projektende von zwei Studentinnen der Hochschule Bremen nachuntersucht, u.a. mit den Ergebnissen[21],

- daß sich das Verhältnis zwischen Mitarbeitern und Vorgesetzten deutlich verbessert hat
- und daß 74 Prozent der bei Gestra befragten Mitarbeiter das Rückkehrgespräch für sinnvoll erachten, weil wiederum 84 Prozent der Mitarbeiter der Ansicht sind, daß ihre Abwesenheit vom jeweiligen Vorgesetzten wahr- und ernstgenommen wird.

---

20 Vgl. hierzu u. a.: *Daniel, O.:* Beurteilung des Vorgesetztenverhaltens, in Personalwirtschaft 1/82, S. 6 ff.; *Ludwig, H.:* Vorgesetztenbeurteilung von unten nach oben, in Personalführung 7/94, S. 650 ff.; *Bitzer, B.:* Mitarbeiterbeurteilung einmal umgekehrt, in Personal 8/93, S. 373 ff.

21 *Lücken/Ulrich:* Das Projekt „Betriebliche Gesundheitsförderung" der GESTRA in Bremen – eine empirische Nachuntersuchung, Diplomarbeit an der Hochschule Bremen, 1997.

9. Anhang

Gesundheitsförderung der Fa. X am Standort Y

Präambel

Ziel eines Gesundheitskonzeptes, wie es im folgenden beschrieben wird, ist die Erhöhung der Gesundheitsquote. Die betriebliche Gesundheitsförderung soll das körperliche, seelische und geistige Wohlbefinden der Mitarbeiterinnen und Mitarbeiter erhalten und stärken. Die betriebliche Gesundheitsförderung wird von beiden Seiten als Führungsaufgabe angesehen.

Ein Gesamtkonzept zur Gesundheitsförderung muß auf mehreren Ebenen ansetzen: Motivation, Information und Schulung der Mitarbeiter, Motivation, Information und Schulung der Führungskräfte; gesundheitsfördernde Maßnahmen und Arbeitsplatzgestaltung; Arbeit des Arbeitskreises Gesundheit.

Einen entscheidenden und nicht zu unterschätzenden Beitrag leisten unsere Führungskräfte, die dafür Sorge tragen, daß die Rahmenbedingungen für die Gesundheit unserer Mitarbeiter stimmen. Die Personalverantwortung ist von ihnen so umzusetzen, einerseits das Potential der Mitarbeiter zu entfalten und weiter auszubauen und andererseits die Mitarbeiter in die Lage zu versetzen, ihre Aufgaben selbständig und kundenorientiert durchzuführen. In einem Weltklasse-Unternehmen bedeutet Führen vor allem das Steuern von Zusammenarbeit.

Auch die Gefährdungsbeurteilung von Arbeitsplätzen ist ein Instrument, das es zu nutzen gilt. Diese Beurteilung soll sowohl gesundheitsgefährdende Einflüsse erkennbar machen als auch gleichzeitig Maßnahmen entwickeln, diese abzustellen.

Am Prozeß beteiligte Personen und ihre Aufgaben mit dem Schwerpunkt der Rückkehrgespräche

Führungskräfte:

Hiermit sind alle Führungskräfte gemeint, denen Mitarbeiter disziplinarisch zugeordnet sind (z. B. Abteilungsleiter, Gruppenleiter oder Coach). Die aus der personellen und sozialen Verantwortung abzuleitende notwendige soziale Kompetenz gilt es, über den Weg eines Schulungsplanes auszubauen.

Darüber hinaus tragen sie für folgende Aufgaben die Verantwortung:

- Ständiger Dialog zwischen Führungskraft (FK) und Mitarbeiter u. a. durch das Rückkehrgespräch
- Anstoß allgemeiner gesundheitsfördernder und möglichst präventiver Maßnahmen für die Abteilung in Zusammenarbeit mit dem Gesundheitsbeauftragten
- Kontrolle des Krankenstandes der Abteilung und der individuellen Krankenstände
- Entscheidung über Gesprächsführung
- Gesprächsführung/Protokollierung/Maßnahmenvereinbarung
- Weiterleiten der formlosen handschriftlichen Gesprächsnotiz an den Gesundheitsbeauftragten; streng vertrauliche Behandlung der Informationen aus dem Gespräch
- Daten aus dem Gespräch können dann bei dem Gesundheitsbeauftragten (nur von der jeweils zuständigen) Führungskraft abgefragt werden
- Information des Betriebsrates, der Personalabteilung und des Gesundheitsbeauftragten **vor** Gesprächen mit arbeitsrechtlichen Konsequenzen
- Anstoß individueller, sich aus dem Gespräch ergebender Maßnahmen in Zusammenarbeit mit anderen Beteiligten (Betriebsrat, Betriebsarzt, Sozialberatung, Gesundheitsbeauftragten, Vertreter der Betriebskrankenkasse)
- Annahme der telefonischen und schriftlichen Arbeitsunfähigkeitsmeldung der Mitarbeiter und Verabredung eines weiteren telefonischen Kontaktes bei voraussichtlich längerer Abwesenheit; spätestens muß jedoch drei Wochen nach Beginn der Arbeitsunfähigkeit der Kontakt wieder aufgenommen worden sein (schriftlich, telefonisch, persönlich)
- Bei Mitarbeitern, die längere Zeit arbeitsunfähig sind (spätestens nach drei Wochen), informiert die FK nach der Kontaktaufnahme die Sozialberatung/Gesundheitsbeauftragten und vereinbart das weitere individuelle Vorgehen.

Mitarbeiter:

- Bei Arbeitsunfähigkeit: unverzügliche Meldung unter Nennung der voraussichtlichen Dauer beim Vorgesetzten oder dessen Vertreter. Dauert die Arbeitsunfähigkeit länger als 3 Kalendertage, Vorlage einer ärztlichen Bescheinigung über das Bestehen und die voraussichtliche Dauer der Arbeitsunfähigkeit spätestens an dem darauffolgenden Arbeitstag.

Darüber hinaus sollten sie:

- selbst auch das Gespräch suchen und ggf. Initiativen mit der jeweiligen Führungskraft entwickeln,
- eigenverantwortliche Gesundheitsvorsorge in Zusammenarbeit mit anderen Beteiligten betreiben,
- Verbesserungsvorschläge zum Thema Gesundheitsförderung über XXX oder direkt an den Arbeitskreis Gesundheit abgeben.

Gesundheitsbeauftragter:

Der Gesundheitsbeauftragte wird durch einen Vertreter des BR ständig unterstützt und beraten.

Seine Aufgaben betreffen insbesondere:

- Mitarbeit bei der Entwicklung des Gesamtkonzeptes zur Gesundheitsförderung
- Berichterstattung
- Controlling, Gespräch, Maßnahmen und Beachtung der Bestimmungen über den Datenschutz
- Planung und Einleitung allgemeiner gesundheitsfördernder Maßnahmen in Zusammenarbeit mit Betriebskrankenkasse, FK und Betriebsleitung
- Mitwirkung bei der Planung und Durchführung von Workshops/Schulungen für Vorgesetzte
- Information der Mitarbeiter
- Beratung der Vorgesetzten bei Gesprächsführung
- vertrauensvolle Zusammenarbeit mit dem Betriebsrat, Information des Betriebsrates bei Gesprächen und/oder individuellen Maßnahmen mit arbeitsrechtlichen Konsequenzen
- Zusammenarbeit mit anderen Beteiligten bei Maßnahmen, die im Zusammenhang mit dem jeweiligen Fachgebiet stehen
- Entscheidung über Durchführung allgemeiner Maßnahmen
- Budgetverantwortung
- Mitglied des Arbeitskreises (AK) Gesundheit

Werkstattschreiberinnen und Sekretariate/Teamassistenten:

- Bei Erstkontakt mit den sich arbeitsunfähig meldenden Mitarbeitern: Weiterleitung an den Vorgesetzten oder dessen Vertreter. Hinweis an den Mitarbeiter, wenn keine Führungskraft erreichbar ist:
  1. wenn die Möglichkeit besteht, nochmals zurückzurufen,
  2. Hinterlassen der Tel.-Nr. für den Rückruf der Führungskraft.

Personalabteilung:

- Teilnahme an Gesprächen mit arbeitsrechtlichen Konsequenzen
- Mitglied des AK-Gesundheit

Sozialberatung, Mitarbeiterbetreuung, soziale Aufgaben:

- Beratung der Mitarbeiter und Vorgesetzten zu Themen wie Alkoholkrankheit, Sucht, Langzeiterkrankte, schwierige soziale Situationen
- Betreuung Langzeitkranker nach Absprache durch Führungskräfte; spätestens nach drei Wochen nach Beginn der Arbeitsunfähigkeit
- Mitglied des AK-Gesundheit

Betriebsrat:

- Beteiligung an allgemeinen gesundheitsfördernden und arbeitrechtlichen Maßnahmen und Gesprächen
- Mitglied des AK-Gesundheit
- Kontrolle, Umsetzung und Einhaltung der BV
- ständige Beratung und Unterstützung des Gesundheitsbeauftragten

Schwerbehindertenvertrauensmann:

- Wahrung der Interessen und Belange von schwerbehinderten Mitarbeitern
- Mitglied des AK-Gesundheit

Betriebsarzt:

- Beratung von Mitarbeitern und Vorgesetzten zum Thema Gesundheitsförderung
- Mitglied des AK-Gesundheit

Beauftragter für Arbeitsplatzgestaltung (BAR):

- Beratung der Betriebsleitung, Vorgesetzten und Mitarbeiter beim Einrichten/Verändern von Arbeitsplätzen
- Mitglied des AK-Gesundheit bei für ihn relevante Themen

Vertreter der Betriebskrankenkasse:

- Angebot von Präventionsmaßnahmen im Betrieb
- Planung und Durchführung von Sonderaktionen (z. B. Kantinenaktion) in Zusammenarbeit mit dem Gesundheitsbeauftragten

- Mitgliedschaft des AK-Gesundheit (Organisation und Federführung wie Terminabsprache, Tagesordnung und Protokoll)
- Statistik/Gesundheitsbericht

Sicherheitsingenieur/Sicherheitsfachkraft:

- Aufbau eines betriebsspezifischen Arbeitsschutzprogrammes etc.
- Beratung über Ergonomie und Sicherheit am Arbeitsplatz
- Mitglied des AK-Gesundheit

Betriebsleitung:

- Entscheidung über Durchführung erheblich kostenintensiver und betriebsübergreifender Maßnahmen
- Bereitstellung von Ressourcen
- Mitglied des AK-Gesundheit

AK-Gesundheit:

Die Zusammensetzung und Aufgaben des AK-Gesundheit werden grundsätzlich im XX-Rundschreiben 28/95 vom 23. 6. 1995 beschrieben. Änderungen oder Ergänzungen zum Inhalt des Rundschreibens gelten mit der BV als vereinbart.

- Analyse des Krankenstandes
- Controlling und Bewertung von Maßnahmen
- Ermittlung von Belastungen am Arbeitsplatz
- Auswertung eines Gesundheitsberichtes von der Betriebskrankenkasse

Instrumente

1. Gefährdungsbeurteilung

Der AK-Gesundheit koordiniert die Umsetzung der aus der Gefährdungsbeurteilung (entsprechend ArbSchG § 5) ermittelten erkannten Belastungen und entwickelt unter Berücksichtigung wirtschaftlicher Aspekte Maßnahmen, um diese abzustellen.

2. Rückkehrgespräch/Fehlzeitengespräch

Die Gesprächspartner sollen in einem fairen, vertrauensvollen und offenen Klima reden können. Es ist daher unbedingt notwendig, daß der Gesprächsinhalt von den Gesprächspartnern streng vertraulich behandelt wird.

Im Konfliktfall (betriebliche und persönliche Situation stehen im Widerspruch zueinander) sollten als weitere moderierende Gesprächspartner, z. B. Mitglieder des AK-Gesundheit, insbesondere der Gesundheitsbeauftragte (jedoch einzelfallabhängig) hinzugezogen werden.

Es wird unterschieden zwischen Rückkehr- und Fehlzeitengesprächen.

Rückkehrgespräche werden grundsätzlich nach jeder Abwesenheit geführt, so kurz sie auch sein mag. Der Inhalt dieser Gespräche richtet sich nach dem Grund und der Länge der Abwesenheit. Im Vordergrund stehen stets das sich Kümmern um den Mitarbeiter und die Förderung der Motivation. Rückkehrgespräche sind nicht zu dokumentieren. Dennoch ist jeder Vorgesetzte verpflichtet, diese Gespräche zu führen und jeder Mitarbeiter berechtigt, sie zu fordern.

Rückkehrgespräche werden grundsätzlich nach jeder Abwesenheit unter dem gemeinsamen Motto geführt:

- Wir reden miteinander
- Wir vermissen jede/n fehlende/n MitarbeiterIn
- Wir sind kollegial
- Wir kümmern uns
- Wir wollen eventuelle Probleme frühzeitig erkennen
- Wir bieten unsere Hilfe an
- Wir sichern die Wiederaufnahme der Arbeit
- Wir fühlen uns mit dem Unternehmen verbunden

Rückkehrgespräche werden geführt:

- zur Rückmeldung im Unternehmen zur Wiederaufnahme der Arbeit
- zur Förderung des Interesses für Geschehnisse am Arbeitsplatz während der Abwesenheit
- zur Besprechung von Sondervorkommnissen während der Abwesenheit
- zur Erleichterung der Arbeitsaufnahme
- evtl. zur Information bezüglich der Gründe der Abwesenheit
- evtl. zur Nachfrage bezüglich der Einsatzfähigkeit

Fehlzeitengespräche sind in drei Stufen unterteilt, je nach Charakter der Gespräche. Sie unterscheiden sich dadurch von den Rückkehrgesprächen, daß hier ein offensichtliches Problem ansteht, das es gilt, gemeinsam zu analysieren und zu lösen. In den meisten Fällen müssen neben dem Lösungsweg auch Zielvereinbarungen besprochen werden. Nicht zu lösende Probleme müssen letztendlich zu Entscheidungen führen. Einen Sonderfall stellen hierbei die Suchtprobleme dar. Fehlzeitengespräche sind in jedem Fall zu dokumentieren.

Fehlzeitengespräche werden unter folgendem Motto geführt:

A) Fehlzeitengespräche der ersten Stufe (zur Verbesserung der Gesundheit)

- Wir bieten Verständnis
- Wir unterstreichen, daß wir gemeinsam ein Problem haben, das es zu lösen gilt
- Wir betreiben eine gemeinsame Analyse
- Wir bieten Hilfe und Unterstützung an
- Wir zeichnen gemeinsam einen Lösungsweg mit Zielvereinbarungen auf
- Wir weisen auf Probleme im Betrieb hin
- Wir bemühen uns gemeinsam um Motivation

B) Fehlzeitengespräche der zweiten Stufe

- Wir bieten nochmalige Hilfe und Unterstützung an
- Wir betreiben eine kritische Analyse
- Wir analysieren, warum die Ziele nicht erreicht wurden
- Wir formulieren eventuell neue Ziele
- Wir untersuchen, ob eine Lösung der Probleme absehbar ist
- Wir analysieren, ob der/die MitarbeiterIn in der Lage ist, die Aufgaben wahrzunehmen
- Wir erwarten Klarstellung in bezug auf guten Willen
- Wir weisen nochmals auf Probleme im Betrieb hin
- Wir zeigen mögliche Konsequenzen auf

C) Fehlzeitengespräche der dritten Stufe

- Wir geben Ziele vor
- Wir treffen klare Entscheidungen
- Wir stellen klar, daß es sich um die **letzte** Chance im Rahmen des Gesundheitsförderungsprogrammes handelt

Kurzbeschreibung des Rahmenstufenplans:

Der Rahmenstufenplan ist individuell und damit einzelfallbezogen einzusetzen. Maßgeblich für den Einsatz der entsprechenden Stufen ist die Einschätzung der Führungskraft.

Nach Ablauf des jeweiligen Kalenderjahres findet eine generelle Überprüfung der Fehlzeiten statt. Bei mindestens 5 Fehlzeiten im Kalenderjahr oder 23 Arbeitstagen erfolgt nach der nächsten krankheitsbedingten Abwesenheit mindestens ein Fehlzeitengespräch der 1. Stufe.

Tabelle 4: Rahmenstufenplan

Was	Wer	Mit wem	Wann	Wo	Wozu
Rückkehr-gespräche	unmittelbare Führungs-kraft	Mitarbeiter/in	unmittelbar im Anschluß an jede Ab-wesenheit wie z. B. Krankheit, Kur, Urlaub etc.	Büro, am Ar-beitsplatz, vor Ort	Integration in den Kollegen-kreis, Schaffen einer primär motivierenden Atmosphäre, bei krankheits-bedingter Ab-wesenheit Ver-meidung von weiteren Krankheits-intervallen
Fehlzeiten-gespräch 1. Stufe	unmittelbare Führungs-kraft Be-triebsrat 1), Ges.beauft. 1), Personal-abt.	Mitarbeiter/in	spätestens nach min. 3 Fehlzeitenfäl-len oder 15 Arbeitstagen in 6 Monaten	Büro	Analyse der AU-Ursachen, gemeinsame Suche nach Lösungen, Hil-fe und Unter-stützung, Ziel-vereinbarun-gen, Doku-mentation
Fehlzeiten-gespräch 2. Stufe	unmittelbare und/oder über-geord-nete FK, Betriebs-rat 1), (Personalabt., Ges.beauftr.)	Mitarbeiter/in	spätestens nach weiteren min. 2 Fehl-zeitenfällen oder 8 Ar-beitstagen in 9 Monaten	Büro	Analyse des Problems, Zielvereinba-rungen kon-trollieren, Kor-rekturmaßna-men vereinba-ren, Verdeutli-chung mög-licher Konse-quenzen, Do-kumentation
Fehlzeiten-gespräch 3. Stufe	unmittelbare und überge-ordnete FK, Betriebsrat, Personalabt., Ges.beauftr.	Mitarbeiter/in	spätestens nach weiteren min. 2 Fehl-zeitenfällen oder 7 Ar-beitstagen in 12 Monaten	Büro, Personalab-teilung	Vorbereitung arbeitsrecht-licher Konse-quenzen, Do-kumentation

Datenschutz

Die Belange des Bundesdatenschutzgesetzes für das notwendige Vorhalten von personenbezogenen Daten zum Controlling werden entsprechend den gesetzlichen Bestimmungen gewahrt.

Gruppenarbeit (Konfliktlösung)

Die Einführung der Gruppenarbeit bietet die Chance zu einer neuen Arbeitsorganisation. Es gilt, die Arbeitsorganisation der Gruppenarbeit zu beschreiben und ggf. negative Einflüsse zu erkennen und abzustellen.

Mögliche auftretende Gefahren gilt es durch die Beteiligten (Führungskräfte und Mitarbeiter) zu erkennen und sich dieser bewußt zu machen. Die davon betroffenen Arbeitsgruppen müssen sich in ihrer Gesamtheit um das Beseitigen dieser Gefahren kümmern. Die Führungskräfte liefern dabei einen entscheidenden Beitrag zur Unterstützung.

Abschlußbestimmungen

Vor Inkrafttreten der Betriebsvereinbarung wird ein eintägiger Workshop für alle Führungskräfte unter Beteiligung von PA, BR, und SOZB. stattfinden.

Diese Betriebsvereinbarung tritt sofort mit Unterschriftsdatum in Kraft. Sie gilt für das Geschäftsgebiet XXX. Sie gilt unbefristet, sofern nicht eine der Parteien sie kündigt. Die Kündigung bedarf der Schriftform. Gekündigt werden kann mit einer Frist von drei Monaten jeweils zum Quartalsende. Innerhalb der Laufzeit können einzelne Punkte mit Einwilligung der Parteien neu geregelt werden.

Betriebsleitung   Betriebsrat

10. Literaturverzeichnis

Bitzer, B.	Fehlzeiten als Chance, 3. Aufl., Renningen 1999
Bitzer, B.	Die Arbeitssituationserfassung, in: Personal 1–2/1991
Bitzer, B.	Mitarbeiterbeurteilung einmal umgekehrt, in: Personal 8/93
Bürger, R./ Bitzer, B.	Das Projekt „Intelligente Menschenführung", in: Personal 8/1997
Crisand, E.	Psychologie der Gespächsführung, 6. Aufl., Heidelberg 1997
Daniel, O.	Beurteilung des Vorgesetztenverhaltens, in: Personalwirtschaft1/82
Hinze, D.	Determinanten der Arbeitsverweigerung, Spardorf 1982
Lücken, K./ Ulrich, S.	Das Projekt „Betriebliche Gesundheitsförderung" der Gestra in Bremen – eine empirische Nachuntersuchung, Diplomarbeit an der Hochschule Bremen, 1997
Ludwig, H.	Vorgesetztenbeurteilung von unten nach oben, in: Personalführung 7/94
Meder, H.-J./ Bitzer, B.	Fehlzeitenreduzierung durch gezieltes Führungskräftetraining – Das Rückkehrgespräch, in: Personal 5/93
Nieder, P.	Fehlzeiten als Signale, in: Personalführung 1/87
Nieder, P. (Hrsg.)	Fehlzeiten, ein Unternehmer- oder Arbeitnehmerproblem?, Bern/Stuttgart 1979
Sahm, A.	Lernziel Zusammenarbeit, Frankfurt a. M. 1979
Stiglmaier, M.	Motivation und Fehlzeiten Eine empirische Untersuchung zum Rückkehrgespräch, München 1995 (unveröffentlichte Diplomarbeit)
Wompel, M.	Krankenverfolgung – Aktuelle betriebliche Strategien im Umgang mit Kranken, Offenbach 1996
Zinke, E./ Rehwald, R.	Krankenrückkehrgespräche, Informationsschrift der Industriegewerkschaft Metall, Frankfurt a. M. 1996

Arbeitshefte Führungspsychologie

Herausgegeben von Prof. Werner Bienert und Prof. Dr. Ekkehard Crisand.

■ Der Stoff und die Lösungsansätze sind konsequent nach den Erfordernissen der täglichen Praxis ausgerichtet. Typisch für die Hefte: verständlich, wissenschaftlich fundiert, lernpsychologisch aufbereitet und portioniert. Sie sind somit zur Aus- und Weiterbildung von Fach- und Führungskräften sowie im Rahmen des Studiums an Hochschulen und Akademien bestens geeignet. Gesamtauflage bereits über 300 000 Exemplare.

Sauer-Verlag

Heidelberg